SELENA!

For millions of adoring fans, the shocking murder of twenty-three-year-old Selena Quintanilla Perez cut short a brilliant music career. Selena was a Mexican-American Madonna without the scandals —a beloved, Grammy® award–winning star of a family-run band, *Selena y Los Dinos.* As sweet, sexy, and upbeat as her songs, Selena quickly became the queen of *Tejano,* a modern urban version of Tex-Mex accordion-based music called *conjunto.* A champion of the poor, she was happily married to Chris Perez, a guitarist in her band. She was a megastar, her culture's pride and joy, a young artist about to break into mainstream music who shared audiences with stars like Gloria Estefan and Janet Jackson. Selena's records and videos sold out nationwide within an hour of the bulletin announcing her death. But her fabulous music lives on . . . and with it, the promise of her loving spirit that was already uniting fans from every walk of life all over the nation.

> **"I HOLD YOU IN MY SOUL;
> I'LL NEVER FORGET YOU.
> GOODBYE *MORENA*
> [BROWN-HAIRED WOMAN]."**
>
> *—from a song at a candlelight
> vigil for Selena*

SELENA!

The Phenomenal Life and Tragic Death of the Tejano Music Queen

CLINT RICHMOND

POCKET BOOKS

New York   London   Toronto   Sydney   Tokyo   Singapore

An *Original* Publication of POCKET BOOKS

POCKET BOOKS, a division of Simon & Schuster Inc.
1230 Avenue of the Americas, New York, NY 10020

ISBN: 0-671-54522-1

First Pocket Books printing May 1995

10 9 8 7 6 5 4 3 2 1

POCKET and colophon are registered trademarks of
Simon & Schuster Inc.

GRAMMY is a registered trademark of the
National Association of Recording Arts and Sciences.

Cover photo by Larry Busacca/Retna Ltd.

Printed in the U.S.A.

Author's Acknowledgments

As a stranger (a *gringo* in Mexican Spanish), I was reluctant to enter the realm of the Tejanos in their moment of great sadness. I quickly found my concern to be without foundation. When speaking to those who had known Selena, most often in interviews interrupted by tears, I found hands of genuine friendship extended. I would like to express appreciation to the people who freely shared their memories of this remarkable young woman and are mentioned by name in the book.

In addition, I extend my thanks to those who helped me, under trying conditions, to tell this small part of Selena's story. First, Judith Morison, my wife, worked tirelessly on the manuscript and revisions. Cary Prince, Carlos Marroquin, and Robert Benevides provided helpful information on the Tejano music industry. Jim Hornfischer went well beyond the call of duty as my literary agent.

Pocket Books's Sue Carswell, Gina Centrello, Bill Grose, Penny Haynes, Craig Hillman, Donna O'Neill, Dave Stern, Jill Wallach, Irene Yuss, Joann Foster, Stephen Llano, Allen Rosenblatt, John Edwards and Kara Welsh performed minor miracles to bring this work together. These Pocket Books staffers worked around the clock to meet deadlines.

I would also like to thank Shawn Fields and Laura Dail, my translators.

And there is one other person I would thank. Very soon after beginning the work, I realized that I had a special invitation to write this tragic yet hope-filled story.

Selena will welcome anyone into the Tejano heart . . . only listen for the message of her life's song.

SELENA!

1

A WOMAN'S SCREAM BROUGHT THE MAID RUNNING OUT OF the vacated room she was cleaning, into the hallway. As she rushed through the door, another call for help turned her attention toward the long outside walkway running the length of the Days Inn motel.

She caught a glimpse of two figures running from Room 158. A fleeing woman, with long dark hair, being chased by another woman—shorter, stocky, slightly overweight. Then they disappeared from the maid's view.

An instant later, there was a gunshot.

The loud bang echoed off the walls of the motel and across the almost-vacant parking lot. For that second, the hum of traffic speeding on Interstate 35 a hundred yards from the motel was drowned out by the gun's blast.

It was off-season for tourists in Corpus Christi, and the Days Inn on Navigation Boulevard across from refinery row had few guests at that hour. Check-out time was noon. The shot was fired at 11:47 A.M.

She didn't know it then, but the maid, whose

1

identity the Corpus Christi police and the Days Inn management refused to reveal, was the first person to witness the tragic ending in the idyllic world of the vivacious and charismatic Selena Quintanilla Perez.

The maid is the only known witness to what Yolanda Saldivar did in the seconds before she allegedly shot down the singer-dancer who is widely adored as the Queen of Tejano Music.

Probably the first person to know that extraordinary mayhem loomed was Ruben DeLeon, the sales and catering manager of Days Inn. Seconds after the shot was heard, a beautiful young woman staggered into the motel office.

Selena's was the most famous face in this seaside resort town and U.S. Navy port city, and DeLeon saw her stumble into the lobby—blood spreading over her right shoulder. She fell a few feet in front of him, near the registration desk. The Tejano singer was bleeding to death from a severed artery in her chest.

DeLeon immediately dialed 911.

Exactly what he told the police dispatcher— whether he shouted the name *Selena*—is unknown. Whatever DeLeon did say caused rapid emergency response. Police squad cars and an ambulance arrived at the motel within minutes.

"When we arrived we found Selena shot in the lobby of the hotel," said Corpus Christi Assistant Police Chief Ken Bung. There were conflicting reports on whether Selena had been shot in the room of her assailant or after she fled. The maid's cryptic account, before she was hushed by the authorities, tends to indicate she was wounded while being pursued.

The first uniformed officers to arrive at the motel found the shooting suspect was still at the scene. A woman was sitting in a small red pickup truck, twenty yards across from the door of Room 158. Police reported the woman was hysterical.

The ambulance arrived to rush the fatally wounded Tejano singing idol to the hospital. Police officers, with drawn service pistols, had already prevented the suspected shooter from driving off—if that ever had been her intention.

Five officers moved behind the cover of vehicles on either side of the woman's red pickup. Three of them ducked behind a white pickup parked adjacent to the woman's truck and leveled automatic pistols at her window, while another officer approached her. The fifth officer took cover behind the fender of a Yellow Freight Systems semi truck parked on the other side of the suspect's vehicle.

The woman raised a .38-caliber revolver into view of the officer who had approached the front of the pickup. He backed away. An officer crawled beneath the white pickup and, using the wheel for protection, held his automatic pistol trained on the driver's window.

When the woman refused to surrender, the officers called in the Corpus Christi Police Department SWAT team.

A short while later, the first officers on the scene were replaced by heavily armed policemen in flak vests, camouflage combat fatigues, and steel helmets. The new arrivals sealed off the parking lot and motel.

Other officers ran along the wooden second-level walkway and positioned themselves above the suspect's vehicle. They could see directly down into the cab of the small truck, but their view was obscured by the tinted windows.

By then, twenty-five law enforcement officers had surrounded the truck and sealed off the area around the motel.

In front of the tense scene on the paved parking area was an open field with only a scrawny mesquite tree for cover. The freeway overpass was located beyond the mown field. News cameras with telephoto lenses were able to catch the unfolding drama from the raised embankment of the highway.

An armed confrontation between police and the suspect was in progress almost by the time the ambulance carrying Selena arrived at Memorial Medical Center, two miles away in the heart of the city.

Within minutes of arrival at the crime scene, two helmeted SWAT team officers moved in a low crouch along the right side of the red pickup. One officer held a metal shield in front of himself and his partner.

The passenger-side window was rolled down about three inches. With his service revolver in his right hand, pointed at the passenger window, the second officer inched his left hand toward the open slit.

Another SWAT team member was draped over the hood of the vehicle on the woman's left. He aimed his rifle at the driver's-side window. Saldivar sat stiffly erect behind the steering wheel.

The officer reaching slowly toward the window held a small instrument in his hand. When his hand was parallel to the small open space at the top of the glass, he deftly dropped the object into the front seat and ducked back behind the shield. The instrument was a cellular telephone.

"She's got a pistol to her head. We are negotiating with her," said Assistant Police Chief Bung as the standoff continued.

At that point, the officers were most concerned that the woman might commit suicide. They were negotiating with her to surrender, but they would not discuss their strategy or whether the woman was demanding anything.

4

"She was upset, very emotional," said another Corpus Christi assistant chief, Pete Alvarez. "She mentioned several times that she didn't want to hurt anybody."

A police spokesman told newsmen, after talking to family members, that they had already pieced together a partial picture of what might have led up to the shooting.

"We feel like it was a job-related misunderstanding," Bung said. "We heard that she [the suspect] was dismissed today."

A short time later, the officer in charge of the siege ordered a complete blackout of information. Police had heard Saldivar's truck radio receiving news bulletins. No more statements were issued to news personnel during the standoff, and police later admitted they did not want the woman to know what was going on inside their perimeter.

Negotiations continued throughout the afternoon as crowds from all parts of Corpus Christi gathered at the barricades in the far northern part of the city. Traffic had been diverted off busy Navigation Boulevard and its service roads, which run beneath the interstate highway. The boulevard is a major arterial route for refinery workers in the plants located along the nearby Corpus Christi ship channel. It was Friday, and the rerouted traffic caused some snarls. But most of the traffic problems adding to the officers' headaches were caused by the crowds.

Some spectators told newsmen they had come to see for themselves that Selena's slayer did not get away, although the crowd had no idea, at that time, who had shot the singer.

Bystander Martin Figuero, like most of the milling crowd, said he had come to the scene as soon as he heard about the shooting.

"When I heard about the stakeout here, I drove straight over to make sure the cops got her," the twenty-nine-year-old Figuero said.

The angry people had learned the identity of the victim on the local news, within an hour of the shooting.

Shock waves rolled over the city on Corpus Christi Bay, and over the cacti and mesquite llano of south Texas. Soon word that the famous Selena had been shot was heard all the way to Mexico City. Within hours the Corpus Christi Police Department was receiving calls from Spain.

Selena was pronounced dead at 1:05 P.M., on Friday, March 31, 1995. She was twenty-three years old.

Death was caused by a single .38-caliber bullet. Blood transfusions and emergency surgery could not save her—the shot fired into the superstar's back had been too murderously accurate for repair.

Hospital attendants found Selena's hand tightly closed around an object. When they opened her fist, they found an ornate 14-carat gold and diamond ring.

The ring was topped with a white gold egg encrusted with fifty-two small diamonds. Employees had taken up a collection to have the ring custom-designed and crafted especially for Selena.

Much later, the cherished gift that the dying singer held on to so tightly would become a macabre symbol of the deceit and betrayal inflicted on her by a person who had claimed to be her most ardent fan.

The motel employee, DeLeon, was the first person to express the horror of the event, which was soon to grip countless friends, fans, family members, and even strangers.

"I was just standing there when I saw her come in and stumble right in front of me. It was terrible. I can't talk about it right now. I'm too upset."

Weeks later, DeLeon still would not answer questions about those first agonizing minutes in the lobby of the Days Inn.

But on that day in the motel's parking lot, the standoff continued hour after hour, with crowds on the perimeter growing angrier.

The tense siege, interspersed by the woman's outbursts of hysterical crying and gun-waving, lasted throughout the afternoon and into the early night. The eerie scene was filmed through telescopic camera lenses as Corpus Christi watched the drama played out.

The scene was all too reminiscent of the filmed standoff between former football hero O. J. Simpson and police in suburban Los Angeles less than ten months before. Simpson, later accused of murdering his wife, also used a pistol to hold police at bay, with an implied threat of suicide if officers came near.

Leaden, dull skies and occasional rain squalls—rare for the sunny Gulf Coast resort town—seemed to set the gloomy stage for the sad events to come.

Before the week was out, conflicting accounts of what actually occurred before the shooting had been published and broadcast by the print and electronic news media. An accurate picture of the sequence of events leading to Selena's murder may never be clear.

But what is known for sure is that Selena went to the motel alone to meet with her fan club president, Yolanda Saldivar. In September 1994, Saldivar had been given a position as manager of Selena's two fashion boutiques, called Selena Etc., located in Corpus Christi and San Antonio. A confrontation to discharge Saldivar had been expected by family members, but it was unclear why Selena went alone to the meeting.

Family members and employees who had worked with Yolanda said the dispute was over mishandled money. The amounts of the supposed mishandled money were never disclosed, and no criminal charges were filed.

Abraham Quintanilla, Sr., Selena's father, shed some light on the dispute before seeking seclusion for his family to begin the long grieving process.

Selena's father told police that there had been complaints from fan club members sending in the twenty-dollar initiation fee that they had never received their fan club packet—a CD, T-shirt, baseball cap, and autographed poster. It was concluded that Selena had confronted Saldivar on this and other complaints.

One possible explanation, widely reported in the aftermath of the shooting, had Selena, who was known for her compassion, responding to the desperate cries for help from her accused assailant. Police and family sources told NBC-TV that Saldivar convinced Selena she had been raped and asked the singer to take her to a hospital for an examination.

According to the bogus-rape version of what happened, Selena had picked up the woman and taken her to a hospital. Once at the hospital, Saldivar supposedly admitted during an examination that she had fabricated the rape story. The confrontation would have followed once the woman had returned to the motel where Saldivar was registered.

Another widely circulated story omitted any mention of the rape claim and suggested that the confrontation began more than three weeks before the incident. That theory describes the initial cause of the problem between Selena and Saldivar as a dispute over the misuse of funds.

Employees of Selena's boutique in San Antonio have verified that there had been a confrontation several weeks before over the alleged financial irregularities.

Saldivar is accused of taking the accounting records

to Monterrey, Mexico, after the confrontation. There was no explanation or confirmation of that fact. Her family was in the San Antonio area where she was raised. She supposedly returned to Corpus Christi from Mexico on March 30. Shortly after checking into the Days Inn motel, Saldivar is alleged to have phoned Selena and agreed to return the records if she would come alone to the motel.

Selena went to the motel on Thursday with her husband, Chris Perez, but the couple left a short time later without retrieving the disputed business records.

The mystery of *why* Selena returned alone to the motel the following morning remains unanswered. Police investigators quickly clamped a lid on public statements, due to the impending prosecution of the accused assailant.

This was known: Selena did go to the motel on Friday morning, and she went alone.

Meanwhile, the standoff had been underway for more than nine hours, and the woman showed no sign of coming out of the vehicle.

Corpus Christi police displayed much more patience than the crowds. Rumors that there had been more than one shot, which were published and broadcast in early reports, abounded. Rumors of a conspiracy circulated at the scene and in other places as the story spread.

But police gazing into the darkened truck believed, from the beginning, they had the only shooting suspect cornered. They were fairly certain that only one person had perpetrated the deadly attack on the community's most famous citizen.

As the standoff continued into the night, officers and arriving newsmen watched Saldivar hunched over the truck's steering wheel. She apparently was listening to the radio, and occasionally she burst into tears. She periodically pointed a .38-caliber revolver at her head. From time to time, she stuck the gun in her mouth when any police officer came too close to her vehicle.

At 9:15 P.M., Saldivar stepped briefly from the truck but quickly returned to the cab. Finally, fifteen minutes later, police were able to coax her out. This time she was seized by police. An arresting officer covered the distraught woman with a coat and loaded her into a squad car.

Selena's fans cheered from the barricades as the SWAT team arrested Saldivar. The mob of onlookers swarmed behind television camera crews out into the street behind a police cruiser that swept the suspect off to the police station two miles away.

Saldivar was lodged into a special security area of the main local jail in custody of the Nueces County sheriff. The sheriff's department began receiving threats from angry fans almost immediately. Within twenty-four hours after Saldivar's arrest, they had received over one hundred telephone calls, many of them threats against the alleged perpetrator. Angry crowds roved outside the county jail.

"She's in a private cell," said Sheriff J. P. Luby. "There were a lot of people waiting outside last night, thinking she was going to bond out."

Bond was first set at $100,000 and raised to $500,000 after Saldivar was indicted by a grand jury for first-degree murder on April 6.

"She's under protective watch to make sure she doesn't commit suicide, and also we don't want to take any chances, because there are some people who are wanting to retaliate," the sheriff said.

Sheriff Luby said many of the other inmates, who have access to television and radio news, were Selena fans, but none posed a threat to jail security.

The nearly ten-hour ordeal was over, but a greater

trauma was beginning in Hispanic communities across North America.

For a large segment of the population of the United States, the event in Corpus Christi was a catastrophe. The news about the slaying of one of the most adored women in Hispanic-American history spread like a prairie fire. And the news was not restricted to the Spanish-language media. The following day, *The New York Times* ran a front-page story of Selena's murder, setting the pace for other major media coverage.

Police detectives and a representative from the district attorney's office began methodically questioning crime-scene witnesses, various Selena employees, and Quintanilla family members. In addition to their forensic investigation in preparation for a trial, the detectives and prosecutors wanted an explanation that might bring some sense or light to the horrendous death of a young woman who seemed so loved by everyone.

The cry "They have killed Selena!" would be heard countless times again from all across the United States and throughout Latin America. But the evidence to date indicates that there was no "they"— that Selena's death was a single act, spurred on by a financial dispute.

But that conclusion, while answering the question of how the killing took place, did not address the larger burning question of *why*.

The normally placid Gulf Coast resort awoke on Saturday, April 1, to a chaotic scene, as scores of newspeople poured into the city. Corpus Christi, a city of over a quarter-million people, still maintains the atmosphere of a small town. And every one of the approximately 260,000 citizens felt like they personally knew their hometown sweetheart, Selena.

There was nothing in the history of the town to

prepare its residents for the national and international attention that was about to focus on their town. The worst disasters to happen in their pleasant community before their day of infamy were the occasional damaging hurricane that roared in from the steamy Gulf of Mexico and the hijinks of hordes of college students pouring onto the nearby beaches of Padre Island during each Spring Break.

The Days Inn where Selena had been killed, which was usually sparsely occupied during the March–April off-season, was quickly filled by arriving newsmen.

All but Room 158.

The room where the fatal altercation began or took place became an instant shrine. Mourning fans covered it with tributes from sidewalk to floor to ceiling, and even had to be prevented from dismantling the outer brick wall for souvenirs.

Anguished fans scrawled their names on the door in lipstick, shoe polish, and spray paint. "Love always . . . we'll miss you . . . love from Houston . . ." were written on the door and facade. A baby picture was pasted on the door.

In the city, the weekend would be a new experience in hell, as fans began arriving from hundreds of miles away to try to express their grief to the family. Long car caravans roamed the streets in the poor Hispanic neighborhood where Selena and her family still lived.

One visiting newsman, Allan Turner of the *Houston Chronicle,* quoted a resident as saying, *"El diablo anda suelto en Corpus Christi"*—The devil is loose in Corpus Christi. Maybe that sentiment was the real basis for the accusation that "they" had killed Selena.

Cameras and microphones were poked into the faces of people whose only experience with the news was watching their television sets each evening.

The national press corps wanted to know what happened. Why would anyone want to kill Selena?

The Corpus Christi residents being asked the questions wanted to know, too.

From all the testimonials and evidence, and a microscopic scrutiny of Selena's whole life, the young woman clearly had done nothing to tempt such a fate—unless trust and perhaps a little bit of naiveté had suddenly become a transgression.

Without any satisfactory answers, a storm of sorrow and rage on an international scale swept out of Selena's hometown on the afternoon of March 31, and in the days to follow.

They have shot Selena!

The anguished cry, uttered repeatedly after the slaying of the vivacious singer-dancer, is not so shrill now. But it still reverberates throughout the Spanish-speaking world. Its heavy message echoes in the hearts of all people of good will, like the beat of the small Mexican drum called the *tambora de rancho*, which was played more than a hundred years ago, in the bands of the first Tejano musicians.

2

TEJANO MUSICIANS ARE LIKE FAMILY. THEY MAY NOT GET to see each other often, but they have common bonds as deep as the roots of their music. They live on the road, and they're frequently reunited along the way, finding themselves booked for the same gig—a local party or a major concert. Musician Roberto Pulido first met Selena when she was a little girl, and over the years, his band and hers had played many of the same events.

On March 31, 1995, somewhere on a road that runs along the Rio Grande, Roberto Pulido was awakened from the deep sleep of exhaustion common to a touring Tejano bandsman.

The day had begun at a recording studio for Roberto and his Tejano band, *Los Clasicos*. The popular Tex-Mex group had rushed between one-night appearances to cut a new album. Shortly after noon, when a musician woke Roberto with the news, the group's tour bus was roaring down the highway heading for an evening performance on the U.S.–Mexico border.

His band's last appearance of the long day was to be a memorable *funcion* for the Tejano community—the wedding of Johnny Canales, host of the internationally popular Spanish-language television variety show that bears his name. As many as three thousand guests were expected from across the United States and Mexico.

"I was so tired, and I could not believe they would wake me." A week later, the weariness was still in Roberto Pulido's voice as he recounted the events of that day.

"I had been working on my next CD, and I had put in all the voices and we were on our way to Eagle Pass. Johnny was getting married that day, and we was going to perform for his wedding.

"I told the guys, 'We need to take off before noon.' So I came in from the recording, took a shower, and picked up a bite to eat—and my family was going, so I said, 'Let me get some sleep and y'all follow in the car.'

"So we ate and the whole thing and I went in the bus and the guys were in the front and I was in the bunk."

Sometime later, Pulido was roused from sleep.

"One of the guys yelled, 'Hey, Roberto, they shot Selena!'

"I said, 'Don't give me no damned bull. Look, it's March 31st. If it's an April Fool's joke, you guys are just one day early.'"

Pulido paused in his telling of the story to inhale the quick, trained breath of a musician, and then continued to speak.

"They told me, 'No, this is serious, man.'"

With tears audibly choking in the forty-four-year-old entertainer's throat, he continued.

"We stopped [the bus] and all we could do is just cry. It was unbelievable. From then on, I couldn't sleep. There were so many rumors—it's been a nightmare. We're still not even over the shock."

Miles down the highway, at the sister border towns of Eagle Pass and Piedras Negras, final preparations were underway for the grand wedding of Johnny Canales and Nora Perez.

Johnny was seeing to some of the last-minute details personally, as he often does with his variety show, syndicated by Univision to twenty-three Spanish-speaking countries. It was on his show that he had introduced Selena to Spanish-language TV, but he had known her family even before she was born.

Canales recalled the moment he heard about the shooting.

"It was about three o'clock in the afternoon," Canales said. "I was checking on the decorations for the wedding, and my sister came in and her face was white. 'Do you know what happened?' she said. 'They just shot Selena.'

15

"I didn't believe her because they're always starting rumors like that. They've said on the radio that I got killed, that Joe Lopez from Mazz got killed. Sometimes they call us and put us on the air, so people will know it's not true," Canales said.

"But my sister told me, 'No, Johnny, they're giving specifics.' So I said, 'Let's go, let's go,' and we went over to the hotel and tuned in to the Univision affiliate, the Telemundo affiliate, and there it was and I almost died myself."

As Pulido, Canales, and tens of thousands of Selena fans struggled to comprehend the slaying, Corpus Christi police continued trying to convince the cornered woman in the pickup to surrender.

Selena's adoring admirers would not accept the simple explanation: An obsessed fan worked her way into the confidence and trust of a young star, stalked her within her own private world, and then killed her.

The disbelief was not just a local phenomenon. On two continents, people also demanded answers. News bulletins from Spanish-language radio stations flooded the airways of both North America and South America. When the mainstream U.S. media finally figured out what all the commotion was about on the Spanish news programs, network newsmen and camera crews, reporters and photographers from metropolitan dailies, and the news magazine giants scrambled to the big story in Corpus Christi.

Roberto Pulido's anguish was repeated by voices from old men and women, little girls and teenagers, and adults of all economic strata. Priests and macho street gangsters in the barrios of America were all glued to the radio to hear more about their beloved Selena. Everywhere a reporter could find a Mexican-American to interview, they heard the same story.

The circle of news givers and news receivers broadened like ripples from a pebble tossed in a pond to soon include almost every American of Hispanic ancestry. In all the voices on television interviews, and in the newspaper and magazine quotes, the message was the same.

Everyone knew Selena, and everyone loved her.

The pain was palpable in television footage and photographs on the praying faces of Mexicana grandmothers, the tear-streaked cheeks of young Latina girls, the solemn comments of Hispanic businessmen, the wailing songs of aging Chicano guitarists, and the legislative oratory of the Tejano politicians.

Vast areas of the southwestern United States, California, and Colorado, as well as Spanish-speaking communities in Florida and Puerto Rico, reported the same stunned reaction to the violence. This horrified grief was being reported wherever Spanish was spoken—throughout Mexico, Central America, and even the faraway cities and villages of South America.

And the sadness was not confined to the Tejanos. The living rooms of Americans who had never heard the name *Selena,* or for that matter a note of Tejano music, were soon flooded by network television news, prime-time specials on such prestigious broadcasts as "Dateline NBC" and "Entertainment Tonight." Anchormen and anchorwomen were suddenly alerted by the magnitude of the story, and they scrambled to learn about the Tejanos and the too-long-ignored Hispanics of the nation.

Who was this young woman, so well known in her community that she needed only to use her first name? The vivacious Mexican-American superstar sang most of her songs in Spanish. At the time of her death, she was preparing to "cross over" with her first

English album—four of the songs had already been recorded. Just months before, she had told a *Houston Chronicle* reporter that she hoped her music, when sung in English, would help all Americans better understand the Hispanics living among them.

Sadly, it seems now that her death will assure her successful crossover. Several of her existing singles and albums soared to the top of *Billboard*'s Latin list within a week of her death, and a posthumous release was expected to sell as fast as the CDs and tapes could be manufactured. She will likely become the first Tejano to achieve the mainstream distinction of having a platinum seller.

Selena's stunningly rapid rise since 1987—from her relative obscurity as the lead vocalist in her family's Tejano band to several million dollars in album earnings, a Grammy, and her recent sweep of the international Tejanos Music Awards last February in San Antonio—would be newsworthy even without her tragic death.

Her story is unusual, too, because her life was so free of any hint of scandal and her family values were so openly held. Despite her sexy costumes and sizzling presentations, she maintained the aura of wholesomeness that attracted fans of all ages and standards.

Even before her death, Selena was gradually acquiring a mainstream following, sharing the kind of audiences enjoyed by such contemporaries as Gloria Estefan and Janet Jackson. She was often described as the "Latina Madonna . . . without the controversy."

Her success in the often cynical world of commercial music did not diminish her strong family ties. But then Tejano music is still largely a family affair, somewhat like the early days of country-and-western.

Selena had also just appeared in her first movie, *Don Juan DeMarco*. The movie was released in Hous-

have become a force for healing among all races and ethnic groups in America.

The popular Los Angeles DJ also feels that the tragic nature of her death, her extraordinary personal qualities, and her singing talents will all combine to make her a legend, at least among the Spanish-speaking people of North America.

"There is no one in sight to take her place. These things happen only once in a great while," Gonzalez said. "We have another person like this—Pedro Infante."

Infante, an actor and *ranchero*-style singer who died almost four decades ago, has been practically canonized by the Mexican-American community. "Like Selena, he was very human, very good to people," Gonzalez explained. "He made people feel special and every year he gets more popular. The same thing is going to happen to Selena."

When Selena was born on April 16, 1971, Abraham and Marcela Quintanilla could not have guessed that their youngest child would become an icon to the Hispanics.

At the time of Selena's birth, Abraham was working as a shipping clerk for Dow Chemical in the Gulf Coast town of Lake Jackson, Texas. The couple already had two other children—an eight-year-old son, named after his father and grandfather, and a four-year-old daughter, Suzette. Other than being born into a family which offered extraordinary nurturing, there was nothing auspicious about Selena's birth.

But it would not be long before the Quintanillas would find the precocious baby of the family had special talents. Everyone who knew the Quintanillas well—and many did because the large extended Texas clan is sharing, open, and friendly to everyone in the

Corpus Christi community where the Quintanilla family has its roots—remembers the little girl Selena as a bubbly, happy child.

Abraham and Marcela moved to Lake Jackson, Texas, a small but thriving town seventy-five miles southwest of Houston, before Selena was born. Selena's early childhood was spent there in Lake Jackson, a neighborly town with a population of about twenty thousand, settled on a patch of high ground between the Brazos and San Bernard rivers. People knew the Quintanillas as good and hard-working parents, reliable and friendly neighbors.

Selena's musical abilities became obvious to her father early. Abraham's real passion had always been music. He had been a vocalist with a group called *Los Dinos* (slang for "The Boys") in his youth. He was playing the guitar one day at their modest home in Lake Jackson when Selena, then just five, came to his knee and began to sing. The purity of her voice and her perfect pitch amazed him.

But at that time, Selena was just a normal little girl, growing up in a sultry coastal town where Dow Chemical was the anchor industry for the world's largest basic-chemical complex. Lake Jackson is one of nine small towns in the flat coastal plains of Brazoria County. The county also features a nearby deep sea port and commercial fishing industry, but chemicals provide the mainstay of the economy.

In 1980, Abraham quit his job at Dow Chemical to open a Tex-Mex restaurant, Papagallo's. The whole family, not just the parents, pitched in to make it work. Selena's sister Suzette, brother Abraham III— A.B. or Abe, for short—and even the young Selena— had chores in the struggling eatery.

By then, Abraham had already soundproofed his garage and had begun teaching his children about the music he loved so much. They formed a little band with two other children: Rodney Pyeatt and Rena Dearman. Before long, they were playing at weddings and parties.

The restaurant, too, provided a venue for the budding musicians. Most weekends, the band performed for the customers—with A.B. on bass, Suzette on drums, and Selena singing.

But for all their efforts, the business failed only one year later, falling victim to the recession caused by the Texas oil bust.

Everyone who knows the Quintanillas agrees that the father, Abraham, was head of the close-knit family. A serious and stern person, Abraham could be gregarious and funny when the occasion was right. It was Abraham who taught Selena to sing in Spanish. It was through the music that she learned the language; Selena spoke English in school and at home. The father taught Pyeatt, Dearman, and his own three children to sing the words of the songs in Spanish, first phonetically, then infusing the songs with feeling.

According to a family friend, it was while Abraham was teaching his son to play the guitar that Selena, still in elementary school, showed her real determination to be a professional.

"Abraham had bought Abe a little guitar and was spending a lot of time teaching the boy to play," the friend revealed. "Selena got jealous of all the attention her father was paying to Abe. Because she was the baby and didn't want to be left out she said, 'I'll be the singer, then,' and from that time on made her father spend time teaching her the music."

In the course of training her voice, Selena began to learn the language of the Tejanos. And the whole family soon became a band during these earliest years, with Selena's brother A.B. (who was eight years older) on the guitar and sister Suzette (who was four years older) behind the drums.

But making a living in a Tejano band before Tejano was popular seemed even more impossible than the restaurant had been when Abraham left Dow Chemical.

It was the huge Dow Chemical that brought many of Selena's early playmates into her life. The first-graders in Selena's class at Oran M. Roberts Elementary School were as diverse as her later throng of fans.

Children from all over Latin America, as well as Anglo-Americans and African-Americans, came to class with Selena that first day of school. Many in her class were from Chile and Argentina. Their parents had come to Dow Chemical through a special training program of the big international conglomerate, which was preparing to expand its operations in South America.

When Selena started at Roberts Elementary, the tan brick school, built sixteen years before, housed about twenty classrooms. Today, the school, attended by some 450 students, has been remodeled and expanded.

Nina McGlashan was Selena's first-grade teacher and is still at the school today. Although she has taught hundreds of children since becoming an educator in 1964, she clearly recalls Selena.

"She tried really hard at whatever she was doing and was eager to learn—just the kind of student you always like to have," said McGlashan.

As a child, Selena was curious and a good achiever, but it was her personality that has riveted her in the veteran teacher's memory all these years.

"What I remember is that big smile. Selena had a real perky personality," McGlashan recalled. "She was happy—she had a good attitude. Children who have a very cheerful 'up' personality frequently do go on to influence people, and that's the strength I saw in Selena."

Even in the first grade, Selena seemed to be a catalyst for inclusion. Her class, like the community itself, was comprised of children from all races, and from poor and wealthy families alike.

"Selena participated in everything," McGlashan said. "She brought the others together on the playground. She was easy to get along with and very well liked by the other children."

Selena played games with the same enthusiasm she brought to everything. Some of the most popular activities during the regularly scheduled recess were dancing and various tag games, including "Duck-Duck-Goose," which is played in a circle of children trying to avoid becoming the "goose."

According to her teacher, Selena particularly excelled at a game called "Jump the Brook." To start, two ropes are placed on the ground, about a foot apart. The children line up and jump over the ropes. The ones who fail to clear the ropes drop out. When each child has taken a turn, the ropes are moved farther apart. The winner is the one who jumps the greatest distance.

Selena would continue to be very good at jumping invisible barriers for the rest of her life.

McGlashan lost track of Selena as the pupil moved up through the grades. After their restaurant failed, the Quintanillas, having lost their home and their livelihood, moved back to Corpus Christi and Abraham reentered the Tejano music business full-time. The family band, now named *Selena y Los Dinos,* toured the backcountry of south Texas.

The future star went on to school at West Oso Junior High School in Corpus Christi, but frequent road trips with the band cut heavily into her school time. As the travel demands of her blossoming musical career became greater, much of her education during her teen years was completed through an organized home-schooling program, which earned her a high school equivalency diploma. Later in her life, Selena would become a powerful advocate for Mexican-American children to remain in school.

Selena wasn't always a perfect angel as a child. An incident fondly recalled by Roberto Pulido testifies to the fact that, as a child performer, Selena could be a very typical little girl, too.

A number of Tex-Mex bands had gathered in San Antonio to record an album to raise money for food for the needy.

"I was sitting in the front row," recalls Pulido. "Seated two rows behind me was Selena and another little girl singer named Michele. They were giggling and we were trying to get the recording going. They kept giggling, and I finally turned around and said, 'Hey, this is a recording. This is very important, and right now you have got to act like professionals.'"

Selena quickly melted the musician's heart with her famous smile and a compliment.

She beamed at Roberto and said, "You sing so high. You sing higher than I do." (Pulido sings very high tenor.)

A child's winning smile and a guileless compliment smoothed over the scene, and the groups, including Selena's family, went on to finish the recording for charity. It would be one of many instances that Selena would donate her talents to Mexican-American causes all over the United States.

Like so many other people along the way, Pulido got the chance to see Selena "continue to grow and grow" in her career. And now, with her death, the memories came flooding back.

"At the Tejano Music Awards in San Antonio in 1993, I saw her after she had accepted her awards," Pulido recalled. "She said, 'Roberto, I have a picture of you and me together when I was thirteen.' I told her it would be nice if I could have a copy to blow up for my studio wall. Of course, she got very, very busy after that, and I wish I had followed up with her to get that photograph."

One of the musicians who would later become an important part of Selena's rise to fame was Johnny Canales, who now has the international Spanish-language program "The Johnny Canales Show." But then he was just another traveling bandsman who frequently ran into the Quintanilla family at dances, weddings, and other festivals.

"When her father was with *Los Dinos,* I also had a band and we used to play functions together," Canales said. "Her father was very close to us, we knew him a long, long time ago. Then along came Selena. So the way it was, it was more like family than a friendship."

Canales said Selena was twelve or thirteen when she first performed on his show and that she appeared about a dozen times after that.

"When she was young and starting out, our show was small, about five TV stations. Over the years, as she grew, we did, too. It's like we've grown up together."

Canales remembers from her earliest childhood that Selena's star quality would shine through the minute she stepped onto a bandstand.

"They say when you have an angel—there are certain people, as soon as you see them, they capture your eyes, they have a magnetism, and I could see that little spark . . . the way she sang, the way she moved, the way she danced."

4

THE RIO GRANDE RIVER, WHICH FLOWS THROUGH THE heart of Tejano music country, has become a negative symbol to many Americans in the 1990s. Some U.S. citizens view the sluggish, muddy river with frustration over a long list of social and economic problems—immigration issues, concerns about jobs with the passage of NAFTA, the effects of the peso on the U.S. economy. A few politicians take advantage of these frustrations, seeking gain from the discord.

The Tejanos have known for generations both the real and the imagined barriers this river represents.

Selena, as a teenage Mexican-American singer, often suffered the sting of prejudice during her formative years. Her conduct and utterances, especially after her rapid rise to stardom, revealed her awareness of the problem. And she was determined to do something about it. Selena knew her ambition to reach across racial, cultural, and economic barriers would not be an easy task. But through her music, she had already torn down some barriers that Anglo-Americans and other ethnic groups and races did not even know existed.

The Tejanos, originally Mexican-Americans who were born or lived in Texas, experienced prejudice both from their fellow U.S. citizens of other races and from their ethnic peers in Mexico.

The Anglo-Texans still discriminate against the

Tex-Mex people to some degree, albeit perhaps not as an "official policy," like that recently approved by the voters in California. Proposition 187, while aimed at illegal immigrants, was felt by many to be fraught with ethnic innuendo. Proposals to deprive legal immigrants of federal benefits, the attacks on the social safety net, and America First rhetoric emanating from the Republican right wing in the 1990s was seen as long-smoldering feelings of ethnic bigotry coming out into the open. And there were still plenty of overt incidents of outright ethnic bias directed against Hispanics in all parts of America.

The *nortenos* (those Mexicans on the other side of the border) held a bias against the Tejanos for many of the same reasons as the Anglo-Texans. Many young Tejanos speak and read only English, and according to the Mexicans, none of the Tejanos speak Spanish "correctly."

Tejanos even refer to their language as "Spanglish" and proudly use the colorful cultural mix in their songs, their conversations—even their radio and television programs.

Until very recently, Tejano music was not that popular in Mexico. It was practically forbidden in Puerto Rico and the Puerto Rican barrios of New York, and it was shunned in Cuban Florida. That is, until Selena started wooing them.

The teenage Selena had to swim upstream against the strong currents of this symbolic river, economically and culturally. She made astounding strides. Just as she excelled as a first-grader at the child's game of "Jump the Brook," she was bridging the ethnic gap with her songs and her stunningly seductive stage presence.

One longtime acquaintance of the Quintanilla family, Rosita Rodela, talked about the relationship of the culture and language.

"When Selena went to school, she spoke English," Rodela recalled. "Mexican-American kids are like that nowadays. It seems terrible to say, but they forget their heritage. I have a seven-year-old grandson and he doesn't speak a word of Spanish."

Rodela, like many others interviewed in the days after the tragedy, lauded Selena for bringing a degree of cultural heritage back to the community. The singer, whose first language was English, learned Spanish phonetically, from the songs taught to her by her father. Even though her version of Tejano music was distinctively modern with a pop spin, the traditional sounds were always there in the background. Her band replaced the mainstay of true Tejano music, the accordion, but the sounds of *conjunto* were provided by the modern electronic synthesizer.

Veteran Tejano musician Roberto Pulido credited Selena with being the person to crash through this ethno-linguistic logjam.

"What she did lately has really opened up the doors," said Pulido. "A lot of Tejano bands are performing in Mexico, Florida, and Puerto Rico that didn't have the opportunity before.

"I tried way back in 1980 and it was a totally different ballgame. What Selena did—and every Tejano musician can tell you of her sacrifices and hard work—had a tremendous impact on the acceptance of our music.

"Tejano music is on fire everywhere," Pulido said, in a tribute to Selena's pivotal role in the industry. Her death will make a lot of people—the good people from all sides—work harder."

Selena started her small assault on the formidable barrier just as she was entering her teen years, making her first big television appearance on the musical variety show hosted by Johnny Canales. At that time "The Johnny Canales Show" was aired on five

Spanish-speaking TV stations. Selena was an instant hit with the viewing audience, just as the Canales show became a hit. While the success of career and show were not related, Selena and the Canales show enjoyed a parallel growth in recognition for the next ten years. The Canales show is now broadcast internationally on the Univision network, beaming Tejano music and acts into twenty-three countries, over five hundred stations, in about two hundred markets.

Selena, who appeared on the show a dozen times over the last ten years, received an important audience for her songs over this vehicle. Via the show, she shared Tejano music with acts from New York to Colombia, South America. The young teenager became a great favorite among different Hispanic cultures.

Canales still remembered when he first realized Selena was headed for international fame.

"We were the first to take [her] across the border to Matamoros. I think that was in 1986, and I was dying to see how the Mexican people would react.

"She took the stage, and they went wild. At sixteen, that's when I realized the magnitude Selena had." She had captured the *frontera:* Matamoros, Nuevo Laredo, and Monterrey.

Selena's father, Abraham, was doing everything to support his rising star. He managed the band, handled the bookings, worked the sound boards, and collected the money.

Joe Trevino, another veteran from the Tejano music families, remembered an occasion later in Selena's career when she had the crowds on the verge of literally tearing down the house (or stadium). This was in northern Mexico, too.

Abraham had driven the family's tour bus into Mexico—an act that most Tejano musicians considered fairly courageous in itself, given the ethnic tensions.

Trevino, who is now manager of promotions and artist development for the Austin-based Arista/Texas label, was in Monterrey with Emilio Navaira. Selena was the headliner of the show.

"There was a crowd of 50,000 people at the event," Trevino said. "When Selena came on, the crowd began literally pushing the stage. She had to stop several times during the performance to tell them that if they didn't stop pushing the stage she would have to stop singing. They were actually moving the platform. Selena was a huge star down in Mexico by that time."

But it was not always thus with the fortunes of the family band.

Canales remembers how different things were when Selena was still a teenager. Canales's Tejano group shared a billing with *Los Dinos* in Caldwell, Idaho.

"It was 1988, and Selena's whole family was there. They were staying in a small hotel because they weren't making much money.

"The Quintanilla family had just purchased an old over-the-road coach. There were seats in the front, but they had mattresses laid out in the back. Their clothes were hanging on improvised racks in the sleeping area. Selena's mother told me that old bus was always Selena's favorite," Canales said. "She called it Big Bertha."

A pretty good crowd showed up, for Caldwell, Idaho. When the show ended, Canales remembers finding a tired Selena sitting in one of the seats remaining on the old bus, eating a late dinner of potted meat and weenies.

"I said, 'Selena, are you still eating that stuff?' and she said yes. 'But we had a pretty good night—it was packed,'" I said.

SELENA!

The teenager continued eating her dinner from the can. Her answer was matter-of-fact. "I don't want to get used to the good life," she said.

"I told her, 'Someday it's going to be nothing but steaks for you.'"

Canales's recollections were of the good times as well as the hard times, as were the memories of most of the people who knew Selena.

Selena, at the time of her death, had moved up in the tour bus department. *Selena y Los Dinos* owned two of the most modern Silver Eagle coaches. One bus was for the Quintanilla family and one was for the band. Selena's bus was completely customized with top-of-the-line equipment. She had a private sleeping compartment, bath, kitchenette, and the all-important stereo sound system.

The new buses were only symbols of her success; from all evidence, Selena was not motivated so much by the financial trappings of her success as by her pure love of performing.

But financial success she did have, and at a rapidly increasing rate.

The little girl in her mid-teens who was eating potted meat in the front seat of a dilapidated former Trailways bus was comfortably wealthy by any standards and fabulously wealthy by the standards of the Tejanos of south Texas.

Hispanic magazine, in a recent article, placed her financial worth at more than $5 million.

Selena made her first commercial recording in 1983, two years after she formed her band. She was fourteen years old.

Then her career really took off with a blast of force.

In 1986, Selena was named Female Vocalist of the Year and Performer of the Year at the Tejano Music Awards in San Antonio. Every year since, she carried off more than her share of the Tejano Music Awards for her performances and her albums, and a Grammy award was in the wings.

While she and her family never left the modest or even poor Molina neighborhood of Corpus Christi where she was raised, Selena built three modern brick homes on family lots. She lived in one house with her husband, Chris Perez, a guitarist in her band. The two adjoining houses were for members of her family.

She and Perez were building a larger, more secluded estate on the outskirts of the city, the "dream house" she had longed for since she was a girl. Friends said she planned to use the place to "get away for some privacy." As her fame grew, her adoring fans traveled from miles away to meet the star, or even get a glimpse of her, and people would simply not leave her alone on the unguarded streets of her neighborhood. Selena's home was separated from the street by only a few feet and a low chain-link fence.

Selena had first met Chris Perez, a Tejano guitarist from San Antonio, in 1988 when she attended a rehearsal of his band. He was twenty, two years older than her. He joined *Selena y Los Dinos* as a regular musician the following year, but it was not until mid-1991 that their romance truly began. According to Chris they were at a Pizza Hut in the Rio Grande Valley when he admitted to Selena that his feelings for her were more than friendship. Selena, who was always more open, just started talking then and made it clear she felt the same way.

Selena Quintanilla and Chris Perez were married on April 2, 1992. They would have celebrated their third wedding anniversary on the Sunday following her death.

From all appearances, the marriage was a happy one. Rumormongers were disappointed that they could find no juicy tidbits of gossip about the love life of the sexy, vivacious Latina superstar.

Friends and neighbors talked about Selena and Chris as a cute couple. He wore a modest ponytail, which was acceptable for a musician, even in reserved Corpus Christi, Texas. And he was a doting and attentive husband.

Rosita Rodela and her husband, Johnny, own and operate a Mexican restaurant, Rosita's, where the Quintanillas frequently dined. The whole family came into the restaurant only a few weeks before the tragedy.

"Selena ordered her usual—the combination plate," Rosita said. Selena liked Mexican food— enchiladas, tamales, the works. She was a hearty eater, and Rosita remembered often kidding the star that she could eat anything and never gain a pound. "Of course, she was very athletic and active—she worked out," Rosita said.

Other than the attention the famous star attracted to herself, it was youthful and good-looking Chris who drew the most interest from bystanders when the Quintanilla family was dining. The Rodelas surmised that this curiosity was due to the fact that all of the men might have envied Chris a bit for his landing such a beautiful and talented wife. But Chris Perez was well-liked, too.

"Chris was real quiet," Rodela recalled. "Every time they came into the restaurant, they were holding hands. The last time she came in to eat, the whole family was there. The customers, and even some of the employees, wanted to go over and get their autograph. I told them to please let Selena finish eating. [Then] Selena and Chris walked out of my restaurant, holding hands."

Rosita Rodela—like dozens of other neighbors,

acquaintances, and associates—agrees that Selena's growing fame and fortune did nothing to change the little girl they had always known. Selena seemed impervious to the adoration and accolades.

"Everybody loved Selena, and not only because of her beauty and her talent," said Rodela, speaking for hundreds of others who were interviewed by the huge pool of television newsmen and newspaper reporters who converged on Corpus Christi after March 31.

"It was because of the way she was. Even though she was famous, she would act just like any other person."

The world of Selena was at once insular and very public. A protective shield of supporters surrounded the emerging young superstar throughout her late teens. Her father, Abraham, had always been protective, ushering her through the growing throngs and crowds. Road-toughened older Tejano musicians added their muscle, serving as surrogate fathers and big brothers whenever Abraham might have turned his back for a moment or been off on one of his many chores. Her uncle, Isaac Quintanilla, who ran a Corpus Christi auto repair shop, spent more and more time shepherding Selena on her travels. And mother, Marcela, seemed to always be around.

As Selena's fame grew, she gained a host of dedicated and excited fans, particularly in south Texas.

In the growing group of Selena worshipers was a registered nurse from San Antonio. Just as Selena was coming to the end of her sparkling teen years, this most ardent and persistent fan came into her life, asking to start a fan club. It seemed perfectly normal that the south Texas superstar should have one, and the busy family did not have time to administer such an enterprise.

In late 1989 or early 1990, this seemingly adoring

fan repeatedly called Abraham Quintanilla, leaving telephone messages on a regular basis. Busy with managing the burgeoning career of his daughter, Abraham did not at first return any of the calls.

The family-run operation, like the small restaurant that had failed many years before in Lake Jackson, demanded hard work from every member of the family. A fan club could be left to someone else.

Eventually the family decided that the fan club was a good idea, and the most recent telephone call from the San Antonio woman was returned.

Her name was Yolanda Saldivar.

5

TEJANO MUSIC WAS IN SELENA'S BLOOD.

The Tex-Mex music Selena was bringing into the mainstream of the American pop scene at the time of her death has its roots in a folk music that can be traced back nearly 150 years. That music form is called *conjunto,* and it is as much a part of the spirit of the Mexican-Americans as their deep-felt religion and Spanish-based language.

Conjunto, which means "whole" or "ensemble," describes the blending of the instruments used to create the unique sounds of the music. As the most conspicuous element of Tejano music, *conjunto* is the sound of celebration.

Selena seemed to possess the spirit of this sound

from the time she was a toddler. The earliest accounts of her singing as a child are filled with awed appreciation of her voice and her natural ability to bring the sounds to life.

In Spanish-English dictionaries there is another definition of *conjunto,* one which conveys a beautiful message. The word also means this: "united, connected; allied by kinship or friendship." And it is this meaning that is probably most appropriate to Selena's adaptation of this music form.

To see people "united and allied by friendship" was a defining ambition in Selena's life. She often said that was what she wanted her music to do—to bring people together in the Hispanic community and, later in her career, in other American ethnic communities as well.

While no one has suggested the name *conjunto,* when applied to the old music forms, was intended to convey this second meaning of the word, the historic role the music has played in the lives of the people makes this definition apt.

Popularly called Tejano music today, the form has its roots in the original Tex-Mex music that has been played in Texas and the Southwest since the Old West days of the German colonist and the *vaquero,* and it has been carried down through the generations of family musical groups, much like Bluegrass in the Smokies and Cajun ballads in the Bayous.

Manuel Peña, an ethnomusicologist, has been digging into the roots of Tejano music and Tex-Mex *conjunto* for years. Simply stated, the complicated field in which Peña specializes involves the investigation of the ethnic culture of a people by looking deeply into their music.

The *conjunto* sound originated in the broad geographical belt running across northern Mexico and southern Texas, roughly including the Big Bend re-

gion of Texas and the curving foot of Texas formed by
the Rio Grande River. Its boundaries could be identified by Brownsville–Matamoros (and around the
curve of the Gulf Coast to Houston) on the east to El
Paso–Juarez on the west. The old northern boundary
line of popularity for the music in the United States
was roughly drawn at Austin–San António. One
southern terminus for the music in Mexico was located approximately in the area of Monterrey.

The Corpus Christi area where Selena's family, the
Quintanillas, settled several generations ago is in the
heart of the old Tejano music country. Corpus Christi
is on the edge of the south Texas area called simply
"the valley," and it includes the vast agricultural
region noted for winter food crops and citrus fruit. It
was this availability of rich agricultural land that
provided the economic foundation that drew the
earliest Mexican people north into what was to become the Republic of Texas, and later, part of the
United States.

The Mexican-Americans of Texas like to point out
to their fellow "natives"—the Anglo-American
Texans—that "we were here a long time before you."

Until the 1920s, in fact, no one really paid much
attention to the imaginary borderline between the
United States and northern Mexico. The growing
seasons for various crops and the availability of work
had more to do with where the people situated at any
given time than any arbitrary lines on a map.

Selena's ancestors, the Quintanillas, come from the
heart of this geographical region, and her background
is steeped in the rich culture and traditions of the
people. The Quintanilla family could be described as
the classic American family of Mexican ancestry.

The Quintanilla family has lived and worked in
south Texas for at least a hundred years. Selena's

great-grandfather, Eulojio Quintanilla, was born in
northern Mexico in 1886 and came to Texas not long
after. His wife and Selena's great-grandmother,
Doloris, was born in the United States in 1892. So the
Quintanilla family has been in Texas much longer
than most of the families of the Anglo "newcomers."

Undoubtedly, Selena's great-grandfather and great-
grandmother were influenced by the same kind of
music that she was to make so popular nearly a
century later. Music was central to the lives of the
people—at least as much or more than in most
pioneering American cultures.

The main instrument in the original music was the
accordion, which was adopted by the musicians of
northern Mexico around 1850 or 1860, more than
140 years ago.

Although Selena's band, *Los Dinos,* was not still
using the accordion, the sound of this instrument was
produced by the electronic synthesizer and is present
in the background of much of Selena's work.

The accordion was introduced into Mexico and
south Texas by immigrants from Europe—mostly
Germans, Poles, and Czechs. Czechs and Germans
established some of the first colonies in Texas in the
Austin and San Antonio areas. A sizable German-
Mexican colony was founded near Monterrey in
northern Mexico. These Eastern Europeans used the
accordion as the basic instrument to provide the
music for polka dancing.

The sounds of some Tejano music are similar to the
sounds of the European polka. However, Tejano music is not just another rendition of polka music; and
once the accordion was adopted by the early Mexican
musicians, an entirely new type of music was created,
belonging exclusively to the Mexican population of
this Texas-Mexico region.

Other instruments were incorporated into the sounds of *conjunto* music, as well. The *tambora de rancho*, a small homemade drum with goat-skin head, was already an important instrument in the lives of the early Mexican and Texas residents. It was used for calling the people together for important events. Whenever an announcement was to be made, or the people notified of good news or bad, a drummer would walk through the town, beating a cadence on the drum strapped to his waist. The sound would rally the villagers to the town square. The *tambora de rancho* was added to the ensemble of the early Tex-Mex bands.

Eventually, a bass stringed instrument called the *bajo sexto* (12-string Mexican guitar), which is believed to have been invented in northern Mexico, became another major instrument of the bands. Other types of stringed instruments were added as they became available or affordable. Many different instruments have been used over time, including brass and reed horns, to develop the Tejano sound of today.

Through the innovation of electronics, particularly the synthesizer, most of these sounds were retained in the music that Selena was making popular. In Selena's songs guitars were added.

But it was the accordion—considered to be a workingman's instrument because it was inexpensive and versatile enough to provide dance and concert music on its own—that was the mainstay of the *conjunto* music.

Selena's modern Tejano music also assimilated other types of Latino music and influences from other ethnic music. But it has remained grounded in the Texas-Mexican culture, and it remains the original *conjunto* sound, whether used in love songs, laments, lullabies, or pop.

Conjunto is foremost a dance music. It provided the kind of outlet for Hispanics, particularly the working class, that blues provided for the African-American community and country provided for the rural whites of the American South. The Tejano musician readily acknowledges the input of other styles and proudly admits that today's music has been built on *conjunto,* much in the same way modern rock music was built on blues and country.

While some of the Tejano songs are sad, and tell of lost love, the music is predominantly the sound of celebration. Tejano music often incorporates pop, country, rock, or rap elements with lively polka and *cumbia* rhythms. The lyrics are usually in Spanish, but occasionally use English words, too. Because Tejano music crosses geographical, cultural, and linguistic borders, it appeals to young and old listeners of all ethnic backgrounds.

Even a first-time listener who understands no Spanish can appreciate the passion of Tejano. The singer leaves no question about the emotional content of the message. If the song is sad, the sorrow resonates deeply in the music. And when the singer is telling about a happy or celebratory time, the sound is of pure joy and elation.

The real Tejano music of today goes back to the 1900s. Mexican-Americans in south Texas gathered on ranches and in small towns to hold *funciones,* almost always involving dancing, whether to celebrate traditional holidays, weddings, birthdays, or other events.

These events were of several types, such as *bailes do plataforma,* outdoor dances on wooden platforms, or *bailes de regala,* gift dances, so named because the men offered women a gift in exchange for a dance.

The gift dances were among the favorite activities

of the people. The gifts were usually in the form of packaged candy or fruit, which was purchased from vendors who set up carts or stands at the edge of the dance area. Periodically the bands would stop and play the chords that indicated it was time to buy a gift from a vendor. The small gift would be presented to the mother of the girl who was to be asked for the next set of dances. Peña found that the mothers of the most beautiful daughters could count on enough candy or fruit from a typical dance to feed the family desserts for many weeks after the dance.

Music-based functions came to be the bright spots in the otherwise hard lives of the people. So it was that the deep love of the music, which represented the best of times, was instilled in the American Hispanic people of Texas and the Southwest. Community life evolved around the gatherings and thus were centered around music.

From the 1950s through the 1970s, Tejano bands introduced other styles of music, including *orquesta* (orchestra) with horns and synthesizers and *la onda chicana* (the Chicano wave), combining rock with other styles of Mexican music. *Little Joe y La Familia* of Temple and *Sunny Ozuna & The Sunliners* of San Antonio helped spread Mexican-American music beyond the borders of Texas and into other regions of the country.

In his important study, *The Texas-Mexican Conjunto: History of a Working Class Music*, Peña writes that *conjunto, orquesta,* and other styles of Mexican-American music combine musical influences from Mexico and the United States in a "synthesizing of the cultural experience," a process Mexican-Americans know well.

Educator Rudy Trevino and bandleader Gilbert Excobedo of San Antonio set out in 1980 to popularize the state's Mexican-American music. Their venture was enormously successful and resulted in the creation of an awards program in San Antonio. Several names were considered before they came up with the Tejano Music Awards. The awards program, which has become so important to the music, is credited with cementing the name Tejano to the music. About the name, Trevino was quoted as saying, "It seemed the most appropriate, because Texans of Mexican descent are called the Tejanos."

Before the 1980s, there was a brief period around the time of World War II when major recording companies ventured into the commercialization of Tex-Mex music, and they produced some records for regional consumption. That early effort faded out for some reason after the war.

It was not until the 1980s that major record companies recognized the popularity of Tejano entertainers and began to sign more artists. But throughout the decade, record sales in dollars bounced along well under the $10 million level.

The big jumps in the popularity of Tejano music, and the subsequent record sales, came in the late 1980s and early 1990s.

Selena was on the cutting edge of this musical revolution and, in fact, was one of the undisputed leaders of the movement. She could deservedly claim the title of Queen of Tejano Music.

The music was in her blood by way of her ancestors. She was a true daughter of the Tejanos.

She was keeping cherished traditions alive for the younger generation. For that reason her elders loved Selena, too—though her music may have been a bit zesty and her costumes and dances a bit too spicy. But it took that modern flavor to capture the attention of the young ones and return them to their roots in the culture.

The music was in the hearts of her fans by way of her songs. Through her talent and charisma, she had the greatest potential for using the Tejano sound "to connect" the people in "kinship and friendship."

6

THE SPANISH WORD *ONDA* HAS BEEN USED TO DESCRIBE one of the popular forms of Latino music. The word means "tide."

Selena's music is rooted in the past, but the dazzling young singer brought Tejano music roaring into the present. She was so much a part of the Tejano tidal wave that one of the big storms blowing in off the Gulf of Mexico a short distance from her home in Corpus Christi might aptly have been named Hurricane Selena.

The music called Tejano is both new and old. At one end of the spectrum, there's cowboy, polka-flavored Tejano with a country sound. At the other extreme, there's the type of sound Selena was known for—a more pop-oriented, dance-mix music with an international flavor. Fans say it makes you want to dance. Those in the know say Tejano is the fastest growing industry in music.

The growth of Tejano's popularity in recent years paralleled Selena's own success. And her popularity helped other Tejano musicians in the industry.

According to Joe Trevino of the Austin-based Arista/Texas label, 1995 will mark the sixth consecutive year of record-breaking growth in sales of Tejano music. Revenues of Tejano music sales are expected to be as high as $24 million wholesale, up from $2 to $3 million in the 1980s.

Selena is clearly the leader in number of Tejano-music albums sold. Her 1994 album, *Amor Prohibido*, had sold more than 400,000 units at the time of her death. "[The group] *La Mafia* is the next biggest seller, and Emilio Navaira is probably third at about 200,000," said Trevino. "The rest of the field have sold 100,000 or less."

A lot of the success in Tejano and other Latin music, as well as Selena's sudden rise to superstardom, can be explained by the massive exposure made possible by the spread of Spanish-language radio and television.

In 1976, there were sixty-seven Spanish-speaking radio stations in the United States. Now there are 311, plus three Spanish-language TV networks and 350 Spanish-language newspapers.

Many of the stations have switched almost exclusively to the Tejano format, or they have added Tejano artists to their playlists. Tejano stations present their bilingual programming in an easy flow of Spanish and English that reflects the speaking style of many Mexican-Texans. As the two languages meld together, Tejano DJs cover mainstream topics such as the Super Bowl, recycling, blockbuster movies, and television.

This phenomenal expansion of communications in recent years has had a great influence on the popularization of Tejano music outside the United States, too, because many of the shows are syndicated for foreign release in Latin America and South America.

Of the half-dozen Tejano groups touring Mexico in recent years, Selena conquered the market the fastest, reaching liner status in less than six months in 1993.

Johnny Canales, who has been influential in introducing many Latin, and specifically Tejano, singers, was the first to take Selena's act into Mexico.

"Although she started in the United States, she was catching on like wildfire in Mexico and Central and South America," he said.

Canales said one of the secrets to her success was her broad appeal. "A lot of bands just cater to one certain group—the people who work in the fields, or the higher classes."

But Selena was a singer for all the people.

"The high school and college kids loved her. The doctors, the dentists, people educated at Harvard and Yale—they loved her as much as the people who picked tomatoes or oranges. That's the crossover she had," said Canales.

After recording for a string of other labels, Selena signed with Capitol/EMI Latin in 1990. At that time, her audiences were respectable, but not the door busters they were quickly to become. Her recordings, along with Spanish-language radio and television appearances, quickly boosted attendance at any event where she appeared to "sold out" status. During the last several years, she had played live concerts in the United States and Mexico which regularly drew crowds of 60,000 and up.

Her first real break came in 1986, when she won the Tejano Music Awards for female vocalist and performer of the year, starting a string of annual TMI awards. She swept the most recent Tejano Music Awards—winning album, recording, female vocalist, female entertainer, and Tejano crossover honors. The awards are sponsored by the Texas Talent Musicians Association and are chosen by industry ballot. The competition also serves to promote San Antonio's distinction as "The Tejano Music Capital of the World."

Her 1992 album, *Entre a Mi Mundo* (Come Into My World), marked her acceptance into the pop side of the Latin music industry.

In 1994, her album, *Selena Live,* earned her a Grammy award for Best Mexican-American album. With this award for her first live album, Latin radio— and not just the Tejano stations—took Selena seriously.

She set the Astrodome attendance record when 61,000 fans attended her concert with another leading Tejano star, Emilio Navaira, at the 1995 Houston Livestock Show & Rodeo.

Yet for all her stardom, Canales said, "None of it seemed to affect her. . . . This girl was the same from the day I first met her until I saw her for the last time. She didn't treat people different after she got famous."

Her most recent album, *Amor Prohibido* (Forbidden Love)—which many believe is also her best— was nominated for a Grammy in 1995.

At the time of her death, *Amor Prohibido* was the best-selling Tejano album—at 400,000 copies it was the clear leader in the number of records sold in this genre. Tejano music industry experts predict this album will sell over a million copies now and will become the first platinum record in the genre's history.

One week after her death, Selena had four of the top six-selling albums on the *Billboard* Latin top fifty list:

Amor Prohibido was number one—the week after her death it sold 12,000 units in the United States alone. The previous week it sold 1,700. The number-three record was *Selena Live,* the number-four record was *Entre a Mi Mundo,* and the number-six record was *12 Super Exitos.*"

She got her second Grammy nomination in 1995

when *Amor Prohibido* was nominated for Best Mexican-American Recording in 1995—but she lost to Vikki Carr. The 1995 Grammy ceremonies were held in Los Angeles just a few weeks before her death.

She took the loss in typical, upbeat Selena style.

"After the awards, we were congregating in the lobby and she came over to me, and hugged and kissed me," recalled Joe Trevino. "Our Arista/Texas label had a nominee, too, but neither of us won. There she was, and she hadn't won after getting the Grammy the year before, and she was just the same—so upbeat, so full of life."

Throughout her life, Selena was still the radiant little girl. Winning or losing, during good times or bad, Selena, according to people who knew her, was happy just to be living life.

Trevino was a longtime friend of Selena's, who had first met her just as her career was about to take off. His family owned a nightclub in San Antonio called Reflex, a large club with a ballroom for dancing and a seating capacity of 1,500. Reflex was one of the first Tejano clubs to begin booking live talent, and Selena was one of the first acts booked. She was eighteen when *Selena y Los Dinos* played the club.

"She was really beginning to develop as an entertainer," Trevino said. Even as a teenager, she already had an incredible stage presence. After that initial appearance at our club, each time she performed, the crowds were bigger and bigger. Everyone knew there was a star in the making."

Selena started out on the San Antonio–based Manny Guerra label. While at least five different labels have released compilations of her music, most of her music since 1989 has been released by Capitol EMI/Latin, one of the most prominent Tejano labels.

A selected list of Selena's recordings include the following:

Alpha, 1986
Dulce Amor (Sweet Love), 1988
Preciosa (Precious), 1988
Selena y Los Dinos, 1990
Ven Conmigo (Come with Me), 1991
Entre a Mi Mundo (Come into My World), 1992
Selena Live, 1993
Amor Prohibido (Forbidden Love), 1994

Even though *Amor Prohibido* did not win the Grammy, the title song from the album as well as three other songs were tremendously successful. *"Amor Prohibido," "Bidi Bidi Bom Bom," "No Me Queda Mas,"* and *"Fotos y Recuerdos"* (a Spanish version of the Pretenders' "Back on the Chain Gang") all dominated radio play. All reached the top five of the Latin singles chart. *"Fotos y Recuerdos,"* which was number four on the charts on March 31, 1995, soared to first place a week after Selena's death.

Trevino said, "I fully expect her most recent album will now sell a million plus. I predict *Amor Prohibido* will be the first platinum seller ever in Tejano music." (In the pop and country world, gold records are certified at 500,000; platinum records, at one million. The album had already reached quadruple platinum on the Latin charts.)

When Selena died she was poised for greater mainstream acceptance. In December 1993, she had signed a pop recording contract with SBK Records, the parent company of Capitol/EMI-Latin, and her first English-language album with them was due out in 1995. Three or four songs had already been recorded. The conventional wisdom is that this album would have established Selena as an international dance-pop star, sharing a mainstream audience with Madonna, Janet Jackson, and Gloria Estefan.

Steve Sagik, the country and Tejano music buyer

for a Tower Records store near the University of Texas in Austin, said the comparisons are accurate.

"She was on the brink of becoming to Tejano what Estefan had been to Cuban, in terms of bringing the music into the mainstream," said Sagik. "And that's why it's such a great tragedy—both personally and for the music, just when Tejano is exploding.

"Of all the Tejano singers, Selena had the highest visibility. She had cracked the international pop market, and with her plans to do an album in English, she was poised to take the next step to become a household word."

Like so many others who were mourning the loss, Sagik began talking about her music and ended by talking about her as a person.

"She had an incredible stage presence and chemistry, and she was very beautiful to look at," he said. "But the other thing is that she just radiated an inner goodness and sweetness—she was just a very nice person. You often hear things about stars being rude to their fans or things like that, but I've never heard anything like that."

In a lengthy interview about six months before her death, Selena told Ramiro Burr that she felt "anxious" and almost "intimidated" about her pop contract.

Ramiro Burr is known in the industry as the "chronicler of Tejano music," and he had interviewed Selena and written about her more than any other writer. Burr is the major writer on this music for *Billboard,* and he was the source for documentation of Selena's career for most journalists covering her death.

About her crossover into mainstream, Selena told Burr, "I'm nervous . . . because this is something new. I've done Tejano music all my life. But from what I understand the English market is very different. I'm scared because I don't know what to expect."

But, she was, as always, optimistic.

"I'm very happy about being given the opportunity," she said. "I've always believed in the saying, 'Good things come to those who wait.' So we've been waiting patiently.

"I'm sure everything is going to turn out okay."

7

SELENA WAS A WOMAN OF MYSTERY:

Everyone knew and loved her; nobody ever heard of her.
She was as bright as a supernova; she was invisible.
She was the sweet girl next door; she was a sizzling sex tease.
She was the future; she was a relic from the past.

Who was the real Selena Quintanilla Perez?

The answer is she was all these things and many others. Her life was a panoply of incongruities, brought about by the times and places in which she lived and worked.

She was building a reputation in the American music industry, but even there her image was marginal. Stories about Selena, like other Tejano music stars, were mostly confined to the industry's token once-a-year special Latino editions. *Billboard* had mentioned the rising Tejano singer in its special edition in each of the three years before her death.

Selena would not have remained obscure much longer. Even had her untimely death not brought her into the glaring light of macabre national attention, her sheer power as a performer and persona would soon have made her name a household word—on Main Street, America, as it was already in the barrios.

Recently, Selena was making her first major steps toward mainstream attention in a few of the large publications in her native Texas. The November 1994 issue of *Texas Highways* magazine gave her significant recognition in their article entitled "Tejano Fever."

Reporters for the *Houston Chronicle* and the *San Antonio Express News* had taken substantial notice. A few other magazines and closer-to-home Texas newspapers had begun to make Selena an item.

Notably, *Texas Monthly,* the widely circulated journal of what's happening in the Lone Star State, provided another harbinger of things to come. The magazine introduced Selena to Texas "society" about six months before her death. In September 1994, the magazine ran their first annual Special Issue featuring "twenty Texans you need to know." The individuals were chosen as "pivotal forces in their respective fields"—because of their talent, because they made a difference that year, or because they were "dominant forces" in the state of the state. The first year's honorees were called the "Dream Team of Twenty Intriguing Texans" and included such notables as Hakeen Olajuwon, Ross Perot, Jr., and Aaron Spelling. There were seventeen men and three women—and one of those women was Selena.

The insightful profile on Selena, written by Joe Nick Patoski, gave many mainstream readers their first in-depth look at the remarkable life of their fast-rising fellow Texan. Bites from Patoski's article were quoted often by the international press in the tragic aftermath of the murder in Corpus Christi, because the piece was one of the best sources of information on Selena available.

Selena was already famous in Latin music circles; and the mainstream music industry was starting to pay attention to her, thanks largely to Ramiro Burr. Burr had for years been beating the drum for Tejano, and Selena in particular, in an effort to let the world know what was coming.

Volumes have been written on the singer in the Spanish-language press, both in the United States and internationally. But outside these Texas-based, journalistic seers, Selena's fame was pretty much a secret from the English-language media.

Patoski's prescient article in *Texas Monthly* began, "While many industry insiders are touting Tejano as the next big thing in pop music, its immediate future pretty much depends on the fortunes of a striking twenty-three-year-old named Selena Quintanilla Perez."

As the entertainer gained recognition, the image of her that emerged was a study in contradictions.

Her family continued to play a key role in her rapid rise to stardom, and she was able to maintain a private life free of blemish. She stayed close to home, parents, and siblings even after marrying the band's bass guitarist, Chris Perez. The close-knit family lived as neighbors in their old Molina neighborhood in Corpus Christi.

Her father, Abraham, stayed with the band in the role of its top manager. As her band grew to eight members, her family remained the group core. Her sister Suzette was still on drums; and her brother Abe III (A.B.) wrote many of the songs for the band. Selena's mother, Marcela, like the traditional roles portrayed by Spanish mothers, traveled as a companion to her family. While she was often referred to as the band's "spiritual advisor," many Tejano musicians guessed she was really acting as a chaperon for Selena.

But the "real" Selena—in casual jeans and blouses, little or no lipstick, and the girl-next-door qualities that caused her neighbors to admire her and made her so popular with the Hispanic elders—disappeared at the stage door.

Onstage, Selena was the sultry, sexy pop star that drove the males in her audiences wild during her performances. The heavy makeup went on with the bustiers, skin-tight pants, and spiked heels.

Her photograph in the *Texas Monthly* article that named her as one of the top Texans to watch gave an eyeful to the readers. In the photo, Selena is posed against a backdrop of red velvet drapes, standing on a black-and-white checkerboard dance floor. In a stance that is both defiant and seductive, she has one hand on her right hip, which is thrust forward, and a provocative pout on heavily rouged lips. She is dressed all in black—her sequined bra accented only with a spot of red—with a tiny rose at her cleavage line. Her stretch pants, as tight as a second skin, are tucked into knee-high patent leather boots, and her waist is encircled with a wide matching belt. Topping off the provocative outfit is a motorcycle hat, trimmed in gold braid that shines like her dangly hoop earrings.

Even the still photograph was a performance.

A vivid picture of the contrast between the neighborhood girl and the sexy siren of the stage was painted by Patoski in his *Texas Monthly* article. He described the Selena who arrived with her family in the band bus as the "embodiment of the good girl."

The writer saw a "natural beauty as beatific as the original Madonna's."

A few minutes later, Patoski, the music critic, saw a different person ascend to the stage:

"... it's the other Madonna she evokes, sashaying in front of the band in a halter top and tight pants, getting the males in the audience worked up when she tosses a pair of panties into the crowd ..."

Everyone who knew the family knew that father Abraham despised the costumes of the trade. But to Selena they were just that—costumes. Testimonials by her Tejano band peers and nightclub patrons were uniformly complimentary about her private conduct.

Selena was Selena.

8

A RED PORSCHE CARERRA WAS PARKED IN THE DRIVEWAY of the middle-class home in the Molina section of Corpus Christi, Texas.

The surrounding neighborhood was generally poor, so the modern brick house was a cut above the nearby residences. Vehicles parked in other driveways and along the streets ranged from pickup trucks and large, 1970s-vintage sedans converted to low-riders, to mid-priced family cars. So the Porsche was a giant leap above the Joneses.

The neighborhood, the home, and the car belonged to Selena. The car, still parked there after her death, was the only sign that a very wealthy person had once lived there.

The scene vividly illustrates Selena's rags to riches story. Her rapid rise to stardom and financial success was due largely to her own talents and drive, plus a heavy hand of help from Abraham Quintanilla and the rest of the family.

In 1994, *Hispanic Business* magazine named Selena number eighteen in a list of the twenty wealthiest Hispanic entertainers. Her personal wealth was reported to be about $5 million—not overly grand when measured against superstars who demand that much for one movie. But quite extraordinary for a Tex-Mex family band that, until very recently, traveled to and from their one-night stands in a salvaged, converted bus.

Selena y Los Dinos, her family-oriented Tejano band, became the catalyst for the singer's other burgeoning business ventures. Sudden financial success in late 1991 rapidly stretched to the limits the management resources available to the Quintanilla family. An increasingly beleaguered Abraham Quintanilla, the father who had become the star-maker, still wore many hats, and everyone in the family pitched in to help.

In a business sense, the new-found assets created management havoc that might have been comparable to taking a mom-and-pop store public on the New York Stock Exchange.

Selena, who had told a family friend that she did not want to get used to the good life for fear that it would end, also tried personally to manage many of her own affairs.

Within a period of four years—from 1991 to 1995—Selena was not only a star performer, but a moderately successful businesswoman. She was suddenly in the big-time music business with a half-dozen profitable spinoff activities and enterprises.

The family, while needing more paperwork support, still tried to keep their eyes and hands on every aspect of Selena's operations.

A review of the many business elements that constituted Selena's almost instant fortune revealed how complex the daily life of the Quintanilla family had become.

Selena's popularity in the music world produced business opportunities that could have only been dreamed about by the Quintanillas before 1991. Almost overnight, there were hit records and albums, concerts and nightclub appearances, product endorsements, two promising boutiques, and fans clamoring for a club—all to be tended to and managed.

Any one of these projects would have required the talents of a fairly competent executive officer. But the family was so accustomed to having to do everything for themselves for so long, they were apparently reluctant to let many people into their business, even when they needed the help.

Getting a handle on all of Selena's spinoff operations would be complicated. In the immediate aftermath of her death, Selena's recording company, Capitol/EMI Latin of San Antonio would not provide any information about her business affairs; they issued only a one-page "biographical" news release, printed in Spanish.

Her promotion agency, Rogers & Cowan in Los Angeles, was unable to return most calls for information. A publicist at the agency said more than five hundred news media requests about Selena had been received within the first few days of her death.

In all the confusion and emotional anguish immediately following the slaying, it was almost impossible to piece together a comprehensive look at the business side of Selena's rapid recording success. It was possible to get a sense of the financial scope as well as the popularity of Selena's recordings from a review of some of the music industry reports.

However, it is difficult to get accurate numbers— even on record sales. According to an industry spokesman, much of the Tejano music is not bought at major retailers, so there is no accurate way of tracking it.

A sizable number of recordings are sold by small "independents" or neighborhood stores, which do not normally sell records, tapes, and videos. A still greater volume of sales in this musical medium come through the large, often open-air, markets located throughout the southwestern United States.

These flea markets and *mercados* have grown to become a huge part of the retail picture of the Mexican-American communities in recent years. They operate on weekends, and not uncommonly feature strolling Tejano bands, along with diverse merchandise offered by enterprising individuals and small businesses.

But it is clear that Selena's records were doing phenomenally well financially and in fan approval.

Steve Sagik, Tower Records country and Tejano music buyer in Austin, said that Selena's songs had the highest visibility of any of the Latin vocalists, except Gloria Estefan.

"Tejano is exploding," said Sagik, and he said a lot of the explosion was due to the popularity of Selena's songs.

The Mexican-American marketplace is one of America's most vigorous, not just because of the music, but because Hispanics represent the largest growing segment of the U.S. population. Somewhere between the year 2000 and 2010 Hispanics will become America's largest ethnic group.

Before her death, Selena's record sales were already notable. She was the first Tejano artist to make

SELENA!

Billboard's Latin Top 200 list of all-time best selling records. Her hit single, *"Fotos y Recuerdos,"* was on the top-ten Latin list the week she was killed. *Amor Prohibido* was the first Tejano music album to approach the half-million sales mark.

In May 1994, James E. Garcia of the *Austin American-Statesman* interviewed Selena about her meteoric rise to fame and fortune.

Garcia reported his impression that Selena would soon grow tired of being compared to other stars, like Estefan. Selena was always being described in terms of what she was going to be: "the next Madonna" or the next . . .

"Tejano record sales are skyrocketing internationally and *Selena y Los Dinos* . . . is leading the pack," Garcia wrote. Selena's ascendancy might have been reminiscent of others' in the industry, but she was already a success in her own right.

After a long discussion with the star, focusing on her fame, but also covering her business interests, Garcia concluded that someday pop music pundits would be saying of other rising young performers, "She's the next Selena!"

Nightclub and single-event appearances were the earliest revenue producers for *Selena y Los Dinos*. As their fame mounted, the demand for her personal appearances increased, and the money grew proportionally.

Selena had a powerful stage personality, and she avidly sought personal appearances. In 1990, her audiences, mostly in nightclubs and at special Hispanic cultural functions, numbered in the hundreds or few thousands. But after her release of the hit album *Ven Conmigo* in 1991, she was drawing concert crowds in the United States and Mexico numbering as many as 60,000 fans.

Fans got their money's worth when Selena was

performing, whether in full concert or the smallest nightclub. At a performance in San Antonio's Alamodome on June 6, 1993, she shared headliner billing with Emilio Navaira, and *Joe Lopez y Grupo Mazz*.

The extraordinary thing about that appearance, and others that were to follow, was the marathon aspect of the performance. The three Tejano groups offered their fans ten hours of live entertainment. The gate was reasonable too—at $12.50, including dance-floor pass, $9.50 or $6. A lot of music and dancing for a great price.

An appearance by Selena was almost a guarantee of a packed house, so she was widely sought after on the nightclub and special-event circuit. There was a good reason—live audiences loved her.

Even after achieving stardom, she never short-changed her fans. Last January, performing at the Tejano Rodeo in the Dallas–Fort Worth area, Selena's plane was delayed by a snowstorm in Colorado and she arrived two hours late. But when she started her eight P.M. engagement at ten P.M. her waiting fans were amply rewarded.

Selena apologized profusely for being late, even though it was out of her control. Then she proceeded to sing and dance "all night." An attendee said, "No one left."

"That's why we loved Selena," said Phillip Mireles, thirty-one, of Fort Worth. "She was just that way. It was not her fault the plane was held up in a storm. Most entertainers would have called in and canceled. But not Selena. You can bet my wife and I went to see her whenever she came anywhere near Dallas or Forth Worth."

Commercial product endorsements were another source of big new revenues for Selena's organization. The wholesome family image and her irreproachable lifestyle, combined with her star status, opened the lucrative world of product endorsements to her.

After some of the image problems caused by pop stars in recent years, Selena's squeaky-clean image was a potential gold mine for wary advertising executives, and she had already begun to capitalize on this asset. She had a promotional tour agreement with Coca-Cola and other companies were getting ready to climb on the bandwagon. In 1994, she reportedly entered into a six-figure contract with Dep Corporation to promote hair products; AT&T and Southwestern Bell had also signed her to do promotional work.

The fashion-conscious performer turned her personal passion for style into another business venture when she created Selena Etc. Inc. The company opened one combination clothes boutique and beauty salon in her hometown of Corpus Christi in 1994 and a second in San Antonio early in 1995.

In addition to selling Selena's signature line of fashions and jewelry, the shops featured salons for hairstyling and manicures. A thirty-year-old designer, Martin Gomez, was brought in to help produce the fashion lines, which were marketed under the name *Martin Gomez Designs for Selena.*

Even though her schedule of performances had become exhausting, Selena was not a hands-off manager of her enterprises. A friend who attended a style show made a comment to family members that Selena seemed to be working too hard. She was told that Selena was leaving immediately after the big fashion event for a concert.

The Austin reporter, James Garcia, also talked to Selena in 1994 about her boutique.

She told the writer that when she was not performing she spent time managing the beauty salon and boutique in Corpus Christi.

"I always have to be busy," Selena told Garcia. "So

I spend the day doing normal things, like paying bills and ordering supplies. It's what I do to relax."

Ever the entrepreneur, Selena pitched her design business on the road when she encountered fellow Tejano musicians. She offered to design and custom-tailor distinctive costumes for the bands through her clothing store.

Although the boutiques were a relatively new venture for Selena, she had expressed an interest in acting for some time. With her sex appeal, personal magnetism, and stage presence, it is little wonder that Selena was interested in extending her show business opportunities beyond singing and dancing.

She had given her first performance on Spanish-language television in her early teens, and she put in regular appearances on variety shows on Spanish broadcasts.

She performed on Mexico's highest-rated variety shows, including *"Siempre en Domingo"* (Always on Sunday) and appeared in the popular daytime Mexican soap opera, *"Dos Mujeres, Un Camino"* (Two Women, One Path). While the financial remuneration from her appearances was not great, they helped to build her audience in Mexico. Only Mexico's top singing stars were usually given bit parts on the hugely popular soap.

Selena had told friends she would like to pursue a movie career and had just broken into the field, with a small part in her first feature film, shot in 1994. The romantic comedy *Don Juan DeMarco* provided her a small role, but some in the industry saw it as a springboard to other movie and video possibilities, and a potential for another source of high-dollar income. The movie featured major stars Marlon Brando, Faye Dunaway, and Johnny Depp.

In a wonderful movie scene to remember her by, Selena performs in a beautiful Flamenco costume with a Mexican *mariachi* band, and she has a small speaking part in a café.

A duet she recorded with David Byrne for the film was cut from the final version. However, a spokesperson for Byrne's label, Luaka Bop, said the song may appear on the soundtrack for another movie, due out August 1995.

Ironically, *Don Juan DeMarco* was released nationally a few days after she died to glowing reviews. Garrett Glaser of NBC-TV Los Angeles, called it, ". . . quite simply, the sweetest, most life-affirming movie to come along in years." The release date had been scheduled well in advance of the tragic events of March 31, 1995.

The beginning of the new year of 1995 found Selena on the verge of international stardom and entering the rarefied world of big money as well. Money, however, did not seem to change the emerging superstar and businesswoman.

Selena still had time to give to other people, especially to young people.

9

GLORIA LOPEZ PATIENTLY PLACED 171 PLASTIC COFFEE cups into the links of the chain fence running along the street in front of her modest home.

When she finished her work, and adjusted the cups to make sure the rows forming the letters were perfectly straight, she called a friend over to take a look.

The other girl admired the work and pronounced it just right.

The words spelled "Selena Lives!"

Eleven-year-old Gloria was the neighbor of a famous Tejano singer who was also her friend.

Selena casually walked each day among her neighbors in the Molina district, a poor neighborhood of Corpus Christi. She and her unpretentious family chose to continue to live there with the people they had known before their new-found wealth.

The children, especially the young girls, in the neighborhood all wanted to be like Selena. And these Molina district children were joined by children all over the United States and Mexico who had the same ambition.

Selena was, to them, not just a famous singer—she was their big sister.

When Selena spoke to them, her words were as powerful as the words she sang. Her messages were simple, but powerful: Stay in school. Do not use drugs or alcohol. Be careful about sex.

Selena appeared in schools in predominantly Mexican-American neighborhoods all over the United States to carry this message. She had herself been forced to leave school in eighth grade to travel with the family band, *Selena y Los Dinos*. She finished high school through a correspondence course while they were on the road, performing one-night stands.

Her message was strong. She told the children it was all right to aspire to be a Tejano singer, but they must get their education, too.

Selena used her stardom to reach young people, whether she was on the stage or off. Days after her death, the Texas Legislature unanimously passed a resolution honoring the star's accomplishments as a role model for the state's youth, including her work educating Hispanics about the dangers of drugs and AIDS.

Senator Eddie Lucio (D–Brownsville) praised Selena for her support of the state's Stay in School campaign.

Speaking in favor of the resolution, Lucio said, "We're going to think about her as the years go by, and Selena will be eternally young in the hearts and souls of all of us."

Senator Carlos Truan (D–Corpus Christi) also lauded the singer's message to young people to stay in school and stay away from drugs. He said the depth of emotion she stirred was demonstrated by those who spoke at a Friday vigil in Corpus Christi. "I have never in my life witnessed so many people, young people, who idolized her."

The fact that Selena's message was indeed making an impact where it mattered was reflected in the words of ten-year-old Nicole Cerda, a student at Washington Heights Elementary School in Fort Worth. She readily admitted that many of her friends adored the singer. The adoration was more like love for a sister when the children spoke of Selena.

One sixth-grade friend of Nicole's was so upset that she had been staying home from school since she heard about the singer's death.

"My friend really misses Selena because she got to meet her in person and got an autograph," said Nicole. "I know she's very sad, but we told her she should go to school because Selena would want her to."

Nicole explained Selena spoke directly to kids at her concerts.

"She told us to stay off drugs and that would make a better person. Not going to school makes a bad person," Nicole said.

SELENA!

Almost everyone at Washington Heights Elementary School wore purple ribbons in honor of Selena.

Why purple?

"Because that was Selena's favorite color."

A true fan of Selena's music, Nicole said that one of her favorite songs was the upbeat *"Bidi Bidi Bom Bom."*

"She was singing for our country," said Nicole, in a tiny voice with only the merest hint of soft Spanish influence in her pronouncement.

"After she died, every time I would hear a *cumbia* song I would just cry. Because I love her so much. I love her with all my heart."

Nicole Cerda could have been speaking for scores of thousands of children in the Hispanic communities, because "I love you, Selena" was on the lips of children like Nicole in interviews on television, radio, and papers across the nation.

It was not only the young who loved Selena for what she represented. Adults too encouraged their children's adulation for the beautiful young star because she was helping to bring the Hispanic youth back to the finer moral principles embodied in their traditions.

Radio KTNQ's Amalia Gonzalez, one of Los Angeles's most popular Spanish-language radio disk jockeys among young Angelenos, said Selena's work with young Hispanic Americans was not exaggerated. The singer had the attention of teenagers, too.

The radio station set up a small memorial to Selena at Hollywood and Vine, at a storefront they normally use to hand out their promotional materials and deliver prizes won by listeners. The storefront was almost immediately swamped with sympathetic people, a large percentage of them teens, wanting to do anything to express grief and relieve their pain.

"We just had a big poster of Selena and candles, but the people came night and day. They were crying and praying and singing her songs. It was very touching and very beautiful. Right on the corner of Hollywood and Vine," Gonzalez said.

"Her image is remembered especially by children —they are so touched by her story," Gonzalez added. "Especially the girls—they wanted to be good like her."

Johnny Canales, host of the youth-oriented musical variety show that is aired throughout the Hispanic world, also stated his belief that Selena was the most important role model to her people.

"Selena used to go to speak at junior and high schools and the kids would love her," Canales said. "If you ask a young girl, who would you like to be, 'Queen something' or 'Selena,' it would be Selena."

Canales said her message was consistent: "Don't do drugs, live good, go to church."

"It gave the young people something to look forward to. She made them set goals, made them feel, 'If I try hard, I can make it,'" Canales said. "Because in the Hispanic community we don't have too many big stars or heroes—like football players and such. The young people, they all kind of look up to entertainers. She was the ideal entertainer for our youth to model themselves after."

These comments did not just come from some promotion kit. The ten-year-old Fort Worth elementary school girl recited Selena's message unprompted, after proudly pointing out that she had six of Selena's tapes to remind her of the singer and her message of hope.

She had seen Selena in person at an appearance at a club in Fort Worth, and she recalled listening carefully as Selena spoke to everyone in the audience.

Nicole said she was sitting atop her father's shoulders so she could get a better view of Selena. The ten-year-old learned the importance of the message at a Selena concert—not in a school lecture.

Selena's free performances and donated endorsements to causes she cared about were legendary. Tejano musicians, who pride themselves on playing a family-oriented music, have said that Selena went beyond the norm in her willingness to give of her time. As part of her endorsements, she even insisted that her commercial sponsors donate time and underwrite programs in support of her causes.

She took time from her sold-out concerts, signing events, movies, radio-television appearances, and music award shows to get involved in community concerns.

In December 1993, Selena taped a public service announcement for the Houston Area Women's Center (HAWC), a shelter for battered women. Selena's message was *"Pongale alto al dolor,"* which means "put a stop to the pain."

Betty Swinners, HAWC's outreach coordinator for community education, said that Selena was a powerful influence.

"Every time the announcement aired, the switchboard would light up," said Swinners. "All of a sudden, there would be ten Spanish calls on the line."

Swinners, who has been a fan of Selena's for years, said the famous performer was the perfect woman to reach Hispanic females and males, too. When Swinners called her to do the spot, Selena did not hesitate.

In fact, in recent months, Selena had expressed an interest in visiting the women in the shelter and volunteered to donate a special fund raiser for the cause.

Swinners said she had come to admire the way Selena used her talents to reach out and empower women through her lyrics and even her comments in between songs at her concerts.

Swinners said, there was always one point during all her shows when Selena spoke specifically to the women.

Each time she sang the song *"Tu Que Creias,"* a tale about a woman who repudiates her prodigal lover, "Selena would tell the women in the audience to turn around, look at their men, and sing the song to them."

"As soon as that song came on, they would scream," Swinners said. "They knew it was their turn."

The woman's center outreach coordinator said that the music world and the Hispanic community were not alone in their loss—all women have lost a friend.

Selena was also preparing to conduct a free benefit concert for the Dallas–Fort Worth Area Boys and Girls Clubs at the time of her death.

These and many other stories about the Tejano star only make the senseless death in Corpus Christi on March 31 more difficult to accept.

Ten-year-old Nicole Cerda plans to keep her Selena tapes forever. Eleven-year-old Gloria Lopez plans to keep her plastic cups stuck in the fence for a long time to come.

To these young Hispanic Americans and countless thousands like them, this is the message they carry in their hearts:

"Selena Lives!"

10

IN THE DAYS AND WEEKS FOLLOWING THE SLAYING OF THE much-beloved Selena, an overwhelming majority of the stories from the people told of their grief, the senseless loss of a person who gave so much to those she touched. The vast majority of the mourners at scores of vigils and memorial services only spoke of what Selena brought and what Selena would leave the Hispanic people and the world.

Beyond the official police statements and the newsmen's reports, it was as if Yolanda Saldivar was not even a part of this tragic epic tale. The people did not revile the accused murderer or cry out for revenge. It was grief they felt, and the grief was unbearable.

Even though there had been a horrific murder, eerily, almost no one, except the news media, spoke much of the alleged perpetrator. In their comments the fans and friends spoke more of the loss of Selena. There was an overwhelming air of sorrow, not of anger or vengeance.

Yolanda Saldivar, the thirty-four-year-old super-fan who awaited trial for the murder of Selena, entered the lives of the Quintanilla family under pretext of what appeared to be the best of motives.

At a time when Selena's career and the spinoff of her new fame was pressing, a helping hand was extended. It came at a point when the Quintanillas were beginning to see all their years of hard work pay off.

The offer seemed genuine enough. A registered nurse from San Antonio began calling Abraham Quintanilla in 1991, urging him to let her start a fan club for Selena. Abraham knew that his daughter's public image would gain much from such a club. But he himself was certainly too busy with the other details of her career to take on any more responsibilities. The family, which had always wanted to keep a tight rein on such things as Selena's image and publicity, had rejected similar offers in the past. But they were ultimately persuaded by the woman's enthusiasm and persistence, and they finally agreed to talk to her.

The Selena Fan Club was not intended to be a profit center by Selena or her family. It was something she wanted to give back to her fans by making souvenirs, photos, and other memorabilia available at reasonable prices. Even so, someone would have to administer such an operation.

Yolanda Saldivar's first contact with the family was as a volunteer and president of the Selena Fan Club. In August 1994, with the businesses and the multifaceted career of Selena in full rush, the Selena Fan Club president quit her job as a nurse to come to work for Selena as a paid employee to run the second boutique and salon, located in San Antonio.

While Selena apparently remained loyal to Saldivar in the intervening years, others around them became increasingly more concerned about Yolanda's role in both the singer's business and in her life.

Although the dour Saldivar seemed in many ways a mismatch for the upbeat Selena, initially the association was a positive one. In an interview shortly after Saldivar was hired, Selena said the woman was doing, "exceptionally well." Selena apparently showered

Yolanda with gifts, and Yolanda repaid her with complete devotion.

Saldivar seemed to be hard-working, dedicated to a fault, and always around when she was needed. And sometimes when she was not.

Employees of the boutique and others close to the singer say Saldivar quickly insinuated herself into Selena's life and business. And she seemed to take over whenever she was on the scene.

Yolanda Saldivar's manner of dealing with Selena's and the Quintanilla family's associates and old friends was an unpleasant surprise. In no time at all, she seemed to build a protective shield between Selena and her public.

One indication that there might be trouble came at an important style show intended to introduce some of the new Selena fashion lines. Longtime friends and customers showed up early at the hotel ballroom in Corpus Christi, where the show was to be held. Before the doors opened a queue had formed, and in the line was Rosita Rodela, who had known the family for more than ten years.

"That was the first time I ever saw Yolanda," Rodela recalled. "There was this chubby short lady standing in front of the door and she said, 'You can't come in; it's not open yet. You have to get back.' She was very rude."

Rodela was shocked because the woman's behavior was in such sharp contrast to the warm and courteous way that Selena and her entourage of family, bandsmen, and others in her close circle always treated people.

She told the woman that she was a longtime friend of the family's and wanted to go inside before the show opened to chat with Abraham Quintanilla.

"I asked to see Abraham, and she said 'he's busy.' But it just happened that Abraham was coming out to pick up some flowers to put on the table and he saw me. I asked him if I could come in [to visit with the family] and, of course, he said, 'Sure.'" Yolanda just glared at me with bulging eyes."

Rodela recalled that she did not speak to the family about the woman's behavior. "I knew that if her dad told Selena—she was so nice and sweet—she would just feel sorry for her. Selena would just say *pobrecita* (poor little thing). That's the way Selena was—trusting and feeling sorry for other people who had less."

Other friends and business associates of the Quintanilla family said that, after Saldivar went on the payroll, sometime in 1994, the woman had become "overly protective" of Selena. What they interpreted as being protective, they now believe was possessiveness—even obsession.

Rosita Rodela and other friends and employees of Selena's soon learned to live with the ever-present Saldivar.

"That lady was obsessed with Selena," Rodela said. "She had pictures of Selena in her apartment everywhere. It wasn't like Selena was just her boss—Yolanda was obsessed. She was Selena's right arm and had the authority to run her businesses. Selena gave her authority to sign the checks for the employees."

Rodela said employees of Selena would come into her café, Rosita's, and tell her that their checks were bouncing when they knew Selena had plenty of money.

"Yolanda was using it [Selena's money] for her own personal things. One of Selena's employees told me that when she went to cash a payroll check they didn't want to take it because of the problem—that it had bounced before."

Word of this incident and others like it spread quickly through the close-knit Hispanic community.

People who had known the Quintanilla family for years were surprised, and they knew that these sudden changes in the way the family operated were not due to the Quintanillas.

"These things were done behind Selena's back," Rodela said. "Selena would find out about the problems after the fact and straighten things out. Selena was always calling and apologizing. They said she [Saldivar] bought a brand-new pickup truck with Selena's money."

One of the most heartbreaking symbols of the abuse of the trust that Selena had placed in Yolanda Saldivar would be carried by the singer to her death.

When Selena was taken to the hospital after the shooting, someone noticed that the dying woman was clutching an object in her hand.

It was a 14-carat gold and diamond ring topped with a white-gold egg, encrusted with fifty-two small diamonds.

Employees had taken up a collection to have the ring especially designed and custom-crafted as a Christmas present for Selena.

As the mysteries surrounding Selena's shooting and the strange relationship with the fan who was charged with the murder unfolded, the cherished gift held so tightly in her final moments of life was to prove another example of a string of betrayals.

While all of Selena's employees had contributed to buying the ring, apparently Yolanda led Selena to believe it was a personal gift from her. Making the charade even more outrageous, it now appears that Saldivar may have pocketed the employees' contributions and charged the ring to one of Selena's business credit cards.

The jeweler who made the ring was horrified to learn of the macabre role the well-intentioned gift would play in the tragedy.

"Selena was so happy with the ring when she picked it up in January," said Phillip Randolph, who crafted the special jewelry. "To find out that it was a part of her last moments just sickens me. It's so sad."

The sorrowful story about the ring came to light when friends and employees saw a closeup of the ring on a "Dateline NBC" special and heard the singer had been clutching it in her hand at the time of her death.

The exact role of the ring in the confrontation between Selena and Saldivar was not fully clear to authorities. But it is believed to have had some part in their final exchange.

Authorities have concluded that Selena went to the motel room because of some financial discrepancies that the family uncovered in the bookkeeping of Selena's clothing boutiques and hair salons, which were managed by Saldivar for the eight months prior to the shooting. Family members told police that they were trying to retrieve missing financial records from Saldivar. It is believed that this was the reason that Selena went to the motel in the first place.

At the time she confronted Saldivar, Selena apparently removed the ring from her finger. It is speculated that Selena, believing the woman had given the ring to her as a personal gift, attempted to return it because she was in the process of formally firing her boutique manager.

Randolph designed the ring with the letter *S* incorporated into the band design. The Corpus Christi jeweler would not reveal the exact cost of the ring, but a jewelry appraiser looking at a photograph of the ring said at present prices the ring would be worth "several thousand dollars."

On January 14, 1995, Saldivar returned to the store to pick up the ring, paying the balance with an American Express gold card issued to one of Selena's companies.

She took the ring to a car so that Selena could try it on, but the ring did not fit.

"Selena came back into the store," Randolph said. It was the first time he had ever met the singer, and the jeweler recalled that he kissed her hand when she presented it to show him it needed to be resized.

"She was so charming and sweet," Randolph said. "She was very happy with it [the ring]."

Randolph said he sized the ring to fit her right index finger. She told the jeweler everybody would see it because she would be wearing it on the hand she used to hold the microphone when she performed.

The design of the ring with the white-gold egg had particular significance for Selena, who admired Fabergé eggs and had a collection of hand-crafted egg designs. Selena's interest in the hobby may have originated from the fact that the date of her birth in 1971 fell on Easter Sunday. Since Easter falls on a different day each year, it is particularly poignant that she was holding this symbol at the time she was shot. In 1995, just sixteen days after her death, Selena would have celebrated her twenty-fourth birthday—on April 16, Easter Sunday.

Who was this person that came into the life of Selena as an ardent fan, who played a important role in nurturing the singer's image, and who would ultimately admit to killing her?

One of Selena's business associates, the designer Martin Gomez, was the person who most loudly complained of Yolanda Saldivar after she was arrested and charged with the murder.

Gomez did not mince words. In a report carried nationwide by the *Associated Press* a few days after the murder, he said of Saldivar, "She was manipulative. She was mean. She was evil."

Selena's husband further amplified the Saldivar's role in his broadcast interview with "Dateline NBC."

"There was a time when everybody trusted her [Saldivar]. For her to work her way in and then start to be pushed out, I don't think she could handle it."

While Saldivar appeared to be the most ardent supporter of Selena, one acquaintance of the San Antonio registered nurse who founded the Selena Fan Club said her professed love for the singer might not have been all it appeared.

Aurora Blanco, a former employee of Selena's fashion business, said that Yolanda Saldivar once confided to her that she had hated the superstar at one time.

In a published interview with the *Houston Chronicle,* Blanco reported that Saldivar told her, "I hated Selena. I hated her for always winning in the Tejano Music Awards."

But that sentiment apparently was not always the case, because Saldivar worked for several years as the volunteer president of the Selena Fan Club. In fact, it was the fan club that initially brought the woman into the life of the Quintanilla family.

It may have been Saldivar's intent to attach herself to just any rising star in the Tejano music field.

Before Saldivar came into Selena's life, she had never been involved in the music business. But she did go to high school with several of the young Tejano musicians who were to become headliners in the fast-rising field of music.

In fact, Saldivar's offer to start a fan club had already been turned down by another female singer. Shelly Lares, a twenty-three-year-old Tejano star, said that Saldivar came to her with an offer to run her fan club before she approached Selena.

"She wanted to run a fun club," Lares said. "We wanted to keep it in the family, so we turned Yolanda down."

Lares had been close to Selena over the years of their rise in the Tejano music industry. Chris Perez had been a guitar player in her band before he joined Selena's. Lares told reporters that she did not want to think about what might have happened if she had said yes to Yolanda.

"I don't want to say that it could have happened [to me], because I don't know that, because only God knows that."

Saldivar's only previous exposure to the Tejano music field apparently came in her teens when she was on the campus at San Antonio's McCollum High School with aspiring musicians Ram Herrera and Emilio Navaira. Herrera, a 1978 McCollum graduate, and Navaira, a 1980 McCollum graduate, said they did not know Saldivar at the time. Prior to high school, Saldivar attended several public elementary, junior high, and high schools in the San Antonio area where she was born and reared.

She graduated from McCollum High School in 1979.

"I was stunned when I read she graduated from McCollum. Nobody knew who she was," said Herrera. Navaira, who had been onstage with Selena when an all-time concert attendance record was set at the Astrodome in Houston, also said he was surprised that Saldivar was at school with them.

Saldivar went from high school to a series of colleges, followed by a string of jobs in the nursing profession. She switched schools several times over a period of five years, attending San Antonio College and Palo Alto College. She finally graduated from the University of Texas Health Science Center at San Antonio in 1990, and she became a registered nurse in 1991.

During the next four years, she held four nursing

jobs, all in the San Antonio area. She was still working in the nursing field when she began the Selena Fan Club as a volunteer. About eight months before Selena's death, Yolanda quit nursing to take the paid position with Selena's boutique.

The dispute over a discrepancy in the company books led directly to the fatal confrontation. Investigators released no statement about the details of the financial controversy and Saldivar had not been charged with any offense pertaining to mishandling Quintanilla funds.

Quintanilla family members told authorities that Saldivar had taken accounting records to Monterrey, Mexico. Selena had gone to the motel on Thursday with her husband, Chris Perez, to retrieve the disputed records, but she apparently left without them.

The following day, Selena was shot dead with a .38-caliber pistol.

Yolanda Saldivar was arrested after a nine-and-a-half-hour standoff. She waved a .38-caliber revolver throughout the ordeal and frequently put the gun to her head.

Records in the Bexar County Sheriff's Department show that Yolanda Saldivar purchased a .38-caliber revolver on March 13, 1995. She had passed the background check and five-day waiting requirement before buying the weapon.

On a chilled and rainy morning, eighteen days later, twenty-three-year-old Selena Quintanilla Perez was shot with a .38-caliber revolver.

The Monday following the slaying of Selena on Friday, March 31, Nueces County District Attorney Carlos Valdez said Saldivar had signed a statement admitting the shooting.

Prosecutor Valdez announced that Saldivar had been formally charged with first-degree murder.

The Nueces County grand jury returned an indictment for murder against Saldivar. The specific charge against Saldivar would carry a maximum of ninety-nine years in prison. The district attorney said the state would not seek the death penalty in this case, but did not discuss the decision.

Texas murder laws are among the harshest in the nation; the death penalty is imposed in some capital murder cases. Texas has executed ninety-two convicted murderers since 1976, and currently has four hundred condemned inmates awaiting execution by legal injection, the method for executions used in Texas.

The murder trial of Yolanda Saldivar has been set on the docket of the district court of Judge Mike Westergren at Corpus Christi, Texas, with a trial date of October 9, 1995.

Saldivar's attorney, Doug Tinker, is trying to have the heavy $500,000 bail set by Judge Westergren lowered. But the state is fighting any lower bail, as well as the defendant attorney's attempt to have the trial moved from Corpus Christi.

"Given the importance of the case and the fact that [Saldivar] is not from Nueces County, we feel that there is a good chance that if she were released, she might not return for trial," said District Attorney Valdez.

Saldivar, the once top fan of superstar Selena, awaited her trial in the Nueces County jail.

More than 30,000 people walked by Selena's casket to pay their last respects to the adored local girl the day before her funeral. Hundreds of vigils, candlelight marches, and memorial Masses were held for Selena in the days following her death.

Two weeks after the slaying, small numbers of Selena's still-grieving fans kept a vigil of another sort

outside the jail where her accused murderer is being
held.

They visited the jail to voice their anger at Yolanda
Saldivar.

11

SELENA'S SONG WAS NEVER HEARD MORE CLEARLY THAN
on April 3, 1995.

That was the day they buried her by the sea in
Corpus Christi, Texas.

The celebration of the Tejano music star's funeral
was actually a week-long series of dozens of functions,
large and small, that lasted from the hour of her death
on noon, March 31, until noon, April 7, 1995. Each
rite was different and each was the same.

Her music was heard everywhere—from Mexico
City to Dallas, from San Diego on the Pacific to
Houston on the Gulf of Mexico.

Her sorrowful Tex-Mex ballads of lost love, her
teasing peppery-pop challenges to a wayward
boyfriend—these were the songs of Selena echoing
from a million or more radios, cassette players, and
boom boxes.

Her fans mourned as they danced at Hollywood
and Vine.

In Austin, they gathered on a river bank with candle
jars decorated with icons of the Virgin of Guadalupe.
Reflections of tiny reflections of fire danced over the
water, reaching out to join the mourners in Monterrey

and Matamoros. The beloved Virgin of Guadalupe has been performing miracles for the Mexicans for the five hundred years since she first appeared to them.

The death of Selena was a miracle of another sort. It brought people together in a way seldom seen in this time of growing ethnic discord. It erased, for a moment, a border between countries that is growing to be more fractious each day. Selena was loved on both sides of that border.

Several hundred thousands of mourning Hispanics and a respectably large number of Anglos attended special Masses held in cities, towns, and *colonias* all across the southwestern United States and across the border into northern Mexico.

The funeral in Corpus Christi, attended by only a few hundred family members, close friends, and fellow Tejano musicians, was only one memorial to Selena. The day before, mourners from all parts of the United States, Mexico, and Latin America filed passed her coffin. Some estimated there were 50,000.

Elsewhere, huge crowds in cities with barrios came into stadiums, parks, and churches to stand in bewildered silence for lack of a notion about what to do—besides pray.

All of the wet-eyed fans interviewed on local and national news shows and quoted in the newspapers tried to articulate their feelings of loss. A few mentioned the songs. Most only mentioned the name: Selena.

At the private funeral, they mourned a daughter, not a singer.

Selena's husband, Christopher Perez, and her mother, Marcela, sat next to each other before the black casket.

Beside them were Selena's brother, Abraham Quintanilla III, with his wife, Vangie, and sister, Suzette, with her husband, Billy Arriaga.

Selena's paternal grandfather, Abraham, Sr., sat in the row behind them.

The father, Abraham Quintanilla, Jr., who had played such an active part in Selena's career since the day he first heard her sing as a tot, continued to manage for the family to the end. He was everywhere handling details of Selena's last appearance. He broke down several times during the funeral.

Some of the top Tejano performers were present, too. There was Grupo Mazz, La Mafla, Roberto Pulido, Ram Herrera, Emilio Navaira, and David Lee Garza.

Selena's recording studio executives were there from EMI. Mario Ruiz, president of EMI-Mexico, came to the States for the services.

Condolences had been sent to the family by Madonna, Gloria Estefan, and Julio Iglesias.

Hundreds of fans lined the cemetery fence, and helicopters carrying television cameramen buzzed overhead, as the family tried to have a small private service. Sheriff's deputies finally signaled the helicopters away.

It was a final intrusion into the grief of the family by news gatherers who were there in Corpus Christi so the last story of Selena's life could be told to millions beyond the few at the services. But, of course, the family could not be blamed for wanting some privacy at this time.

A cousin of the family, Irma Basaldua, contacted after days of almost endless inquiries about Selena, finally snapped at a questioner, "Can't we have our time for grief now?"

More than three hundred passed the coffin for a final goodbye to Selena. Each person placed a white rose atop the coffin. Within the few minutes of graveside ceremonies the coffin was covered with roses. The words of her song echoed in the minds of mourners everywhere—*Como la flor*, like the flower, that had bloomed so beautiful and died too soon.

The spirit of Selena left the official family funeral at Corpus Christi to visit other services that day, such as the Mass in the Alamo City of San Antonio, where so many of her successes were achieved. An overflow crowd of her fans stood on the sidewalks outside San Fernando Cathedral to memorialize the Queen of Tejano Music.

The largest of the memorials was held the day before Selena's funeral at the Bayfront Plaza Convention Center in Corpus Christi. It was at this memorial service that the public was allowed to pass by the black coffin richly ornamented with metal castings that looked like angels.

At one point, according to a published report in *People Weekly* magazine, there was a moment of hysteria created by the rumor that Selena was still alive and her body was not in the closed coffin.

"Finally, the family ordered the coffin opened briefly to confirm the unacceptable truth," the *People Weekly* article read. "And there she lay, her lips and long nails done in blood red, wearing a slinky purple gown."

Whether or not that rumor was true, some of the privileged few of the thousands passing by in respect were allowed a brief view of Selena's sleeping corpse.

A strand of Selena's long dark hair was curled over across the right side of her forehead. The hair had been lovingly done by the hands of a member of the family. A friend of the Quintanillas said the family did not want a stranger to touch her. Even at the end, the Quintanillas were trying to embrace their daughter in the close protection of the family circle.

At the services her uncle, Eddie Quintanilla, said

that Selena felt secure in the tight-knit family and probably had not realized how big a star she had become.

Amalia Gonzalez, of Spanish-language radio in Los Angeles, had received a call-in to her show that provided further insights to this truth.

"On April 5, we had a call from a bodyguard. They put him on the air because his story was so touching," Gonzalez recalled. "He said he worked for a company that provides security for big-name artists when they come to L.A. He had met Madonna. When Selena came to town, the bodyguard told her, 'I would like to take care of you—if possible, work with you all the time.'"

The bodyguard told Gonzalez and her listeners that Selena had immediately declined, saying, "No, I would not want a bodyguard, because then people would get scared and it would push them away from me. I don't want that."

The caller was broken up, he felt so guilty. "I feel like I allowed that to happen," he said.

"I told him it was not his fault," said Gonzalez. "That's just the way Selena was."

And now much of the Hispanic world mourned the singer who wanted no barriers between herself and her audience or friends.

Steve Sagik, Latin-music buyer for Tower Records in Austin, said it is in the nature of Tejano musicians to reach out to their audiences. Perhaps it is because of their roots in the past when the *conjunto* group was so much a part of the life of the village.

"There is a tradition in Tejano entertainment—in all Latin entertainment—for the performers to really interact with their audience," said Sagik. "On Spanish TV—or in ampitheaters—even some pretty big stars will go right into the crowds. They get kisses.

The fans will actually run right up on the stage. You don't see that so much in an Anglo situation."

He predicted the Selena slaying may force the entertainers to be more conscious of security.

"There is a naiveté about the fact that there are dangerous people out there. They [the entertainers] think they do not need protection. After all, who would harm a singer?" Sagik is saddened that Selena may have suffered her fate because of this tradition of trust and openness.

And now they were laying roses on her coffin.

Selena was buried in the purple sequined gown she had worn to receive one of her many music awards.

Purple was Selena's color.

A yellow rose wrapped in cellophane was laid across her waist, and a single long-stemmed red rose was placed in her crossed hands.

Sam Wax, a Jehovah's Witness minister, read, "And He will wipe out every tear from their eyes and death will be no more; neither will mourning, nor outcry, nor pain be any more."

But there is pain, and the mourning lasts.

DJ Gonzalez said that long after the funeral her callers were grieving. "They say they go to bed thinking about her, they wake up thinking about her, and they feel like they can't go on living this way.

"And I tell them, 'Don't go on banging your head. Just pray.' I tell them, just pray."

Giant Masses and memorials were held in stadiums in San Antonio and Los Angeles, and in a coliseum in Houston. Other communities held smaller memorial services throughout the Tejano region.

The manager of Grupo Mazz, Jimmy Gonzalez, said the band had come for the funeral from west Texas, where they had been performing.

"Selena fans were holding candlelight services in

ballparks everywhere we passed," Jimmy Gonzalez said. "I don't think she knew she was loved by so many people. I don't think she will ever be replaced."

Memorials were still being held in Hispanic communities more than a week after the slaying. And on her birthday, April 16, Easter Sunday, there were many other special Masses.

Cars and pickup trucks in cities all over the Southwest flew black ribbons from their radio antennae. "We love you Selena" was painted in shoe polish on the back windows of many of the vehicles.

Spanish-language radio stations in the United States and Mexico played only Selena songs for days after her death. In Austin, station KKLB turned itself into a memorial to Selena, playing her music twenty-four hours a day. Disc jockey Hector Rios said the listeners demanded it.

On April 7, at 11:47 A.M., KKLB announced a minute of silence to honor Selena's memory. It had been one week, exactly, since the moment she was shot.

As the station paused in silence, a crowd of mourners was filing silently into San Jose Church in south Austin. A *mariachi* band, garbed in the traditional dress of the *vaquero*, played *conjunto* music beside a portrait of Selena by the altar. More than 1,400 people of all ages, ethnic groups, and classes met here.

Seated shoulder-to-shoulder were businessmen and construction workers. Three-piece suits and ties contrasted sharply with sweat-stained denim shirts and trousers. A Hispanic business executive made a place in the pew for a gnarled Mexican worker who was obviously a ranchhand by his jeans, Western belt, boots, and the broad hat he carried. Young Mexican housewives cradling toddlers, who did not cry, sat beside smartly dressed Hispanic businesswomen. A doctor still wearing green operating room "scrubs" came late and rushed into the back of the packed sanctuary.

There were no tears among the somber crowd until they played a Selena song, sad and loud, over the church's loud-speaker system.

When the Mariachi Estella, a popular Tejano group, finished a medley of traditional songs, the eulogist Joe Morales took the dais.

He surprised some when he said, "Selena is smiling at you here today."

Selena's large Spanish eyes stared from the portrait photograph set up on a tripod at the front of the room.

"Selena is happy that you all came," Morales said to open the spoken part of the rite. The day was April 7.

It was almost a week since the candlelight vigil had been held in Austin on the evening following Selena's slaying.

At that vigil on the banks of the Colorado River, four hundred had gathered wearing black lapel ribbons. They stood in small clusters of men, women, and children—weeping so silently that the gentle splash of water on the shore was louder than their sobs.

An old man with a white stubble of beard stepped from the crowd toward the river bank with a battered guitar slung by ragged strap across his chest. He wore a white shirt, faded jeans, and a wide-brimmed straw hat of the summer style.

The man was a *ranchero* singer, one of the old types—perhaps from a *conjunto* group long ago in his youth.

He strummed a few chords, and then he sang words that only a Tejano could understand. But the meaning of the unnamed song was clear. It was of the pain of lost love of daughter, wife, son, father, child—a common song sung in different tunes and with lyrics of all languages.

Somehow it seemed sadder coming from a Tejano. The people stopped weeping and let the old man finish their tears for them.

His clear voice rose to a high-pitched end, breaking into English, as Tejano singers sometimes do. Only then did the man's strong voice break with a sob.

"I hold you in my soul. I will never forget you. Goodbye *morena* [brown-haired woman]." Goodbye.

12

RADIO HAS ALWAYS MEANT A LOT TO TEJANO MUSIC and the people who listen to it. The listeners are attuned to lively and beautiful songs coming over the airwaves of their Spanish-language radio stations.

When a New York City talk-show host launched a tasteless, vicious parody of Selena's death and her music the day of her funeral, the Hispanic people rose up with one voice of revulsed rage.

Howard Stern could not have hurt the grieving Hispanic people more had he crashed the Quintanilla family's private graveside services with lewd acts and obscene language—both his specialty.

Stern outraged Hispanics by calling Selena's music shallow. He ridiculed the fans who mourned her death. On April 3, the day she was buried at Seaside Memorial Park, Stern played her music during his nationally syndicated broadcast with mock gunfire in the background.

The earliest reaction from the Hispanic communities was pain. The anguish was clear in the voice of Roberto Pulido, one of the Tejano musicians and family friends who attended Selena's graveside service. "It's unbelievable. We're still mourning our love. What [Stern] is doing is really hurting the kids; they're having trouble coping with it."

Pulido said his bewilderment and shock at the verbal assault on Selena's memory was deepened by the fact that "I thought he was Jewish. He should know what hate is all about, what hate can do."

"Words cannot adequately describe our sorrow or our indignation," said Belen Robles, president of the League of United Latin American Citizens (LULAC), which has 100,000 members.

The pain came first, but anger quickly followed.

LULAC and the American G.I. Forum took aim where it hurts the most—the show's pockets—and swiftly organized an economic boycott of the show's sponsors.

By April 9, the boycott was in full force across the United States.

"Hispanics represent $7 to $8 billion annually in consumer spending power in the Houston area," said Johnny Mata, District 18 director of LULAC. "We plan to use that power to stop this racist show." Stern is heard in twenty markets across the nation, including El Paso and Dallas.

"He thought he was biting on a taco, but instead he bit into a time bomb that blew up in his face," Mata said at a news conference announcing the boycott. "And it's about to blow him out of the broadcast industry."

Mata promised to inform Hispanics throughout the United States that LULAC considers Stern a bigoted, prejudiced broadcaster with a lack of sensitivity about minority concerns.

Indeed, Stern's outrageous comments shocked some advertisers into pulling out of the show within days of his comments. Among them were: Sears, Quaker Oats Co., Snapple, Slick 50 Products, Gatorade and the Miller Brewing Co., and McDonald's. The H.E.B. grocery chain removed Stern advertisers' products from its shelves.

A week after the comments were made, Mata said LULAC was awaiting word from several other advertisers who had been asked to pull out. They included 20th Century Fox, Insurance Express, Boston Chicken Restaurants, Prime Sports, Super Shops Auto Stores, A&W Root Beer, and Cadbury Schwepps.

LULAC's next major target, Mata said, was Warner Cable, which carries Stern's TV show in Houston.

Houston City Councilman Ben Reyes said the stakes are too high to allow such remarks to go unchallenged.

"I'm really angry about it because [Selena] meant so much to young people in our community," Reyes said. "If we, as leaders, don't stand up to it, then young people will think this is the way things are . . . that people can take grief and crush it."

Reyes said he would ask local council members to approve a resolution asking Warner Cable to drop Stern from its slate of programs.

"We believe children in our community shouldn't be exposed to this kind of hatred and racism," explained Reyes.

Hispanic groups rejected Stern's on-air apology, which he gave days later in Spanish:

"As you know, I'm a satirical person. My comments about Selena's tragic death, without a doubt, were not made with the intention of causing even more pain to her family, friends, and those who loved her.

"It infuriates me that this young woman's life was snuffed out in such a senseless way. Her murderer has to be dealt with to the full extent of the law. Thank you."

Then, in English, he said, *"That concludes my statement."*

A Texas judge issued an arrest warrant on April 7, charging Stern with disorderly conduct, a misdemeanor punishable by a maximum fine of $500.

Justice of the Peace Eloy Cano in the south Texas city of Harlingen said grounds were that the remarks were "abusive and alarming" to others.

The warrant could be served if the talk-show host set foot in Texas. Cano said he acted on a complaint filed by some of Selena's fans. "I did it for the Tejano fans," he said.

Free-speech advocates were quick to argue that the warrant was unconstitutional.

Jay Jacobsen, executive director for the Texas chapter of the American Civil Liberties Union, said, "It fails the First Amendment test. It's a speech that is protected. Being a music critic, no matter how harsh, is not grounds for criminal charges."

"If they say that he is protected by the First Amendment, they need to come and show me," Cano argued. "I'm not going to check the law for them. I really think he should come to Corpus Christi and apologize to Selena's family."

While Stern's outburst was only one voice, and certainly not representative of any sizable group of Americans, it represented to many Hispanic Americans the hate-filled comments of other talk-show hosts.

The Hispanic Americans see the alarming trends as an undisguised return to racism, and class hatred that has targeted their people in the past.

Much of the recent radio talk-show dialogue has overt attacks aimed at Mexican immigrants—legal and illegal.

Mexico and Latin America generate by far the largest number of legal immigrants entering the United States, about ninety percent. Mexico alone accounts for twenty-two percent.

Many of the mourners at Selena's funeral said that this increasing ethnic and racial discord was what she had hoped to help alleviate with her songs. And she had begun to reach out to English-speaking young people.

The anger and pain from the broadcast attack during the Selena funeral was, however, not the worst to come on April 3, 1995.

13

BEFORE THEY LEFT TOWN, THE MOST CYNICAL OF THE veteran newspeople who had been sent to cover the murder of the beautiful Tejano singer might well have had the uneasy feeling that, indeed, the devil was loose in Corpus Christi.

Dozens of national, international, and Texas newsmen and -women from television, radio, newspapers, and magazines were sent to cover a murder and a funeral.

They ended up covering a massacre, too.

The day Selena Quintanilla Perez was buried, a

berserk metallurgist walked into an office and gunned down his former boss, the boss's wife, and three employees, before killing himself.

One of the visiting newsmen, reporter Allan Turner of the *Houston Chronicle,* had got the "devil in town" quote from a horrified, grieving Mexican-American resident. The tragedy-racked man had no other explanation for the series of events that had occurred than the presence of some evil force beyond human understanding. No sense could be made of the things that had happened. There could have been no training or experience, even in an American city more familiar with violence, to prepare the normally peaceful residents of that pleasant Gulf of Mexico resort city for such an apocalyptic three days.

Corpus Christi, the hometown of generations of Quintanillas and the city where the superstar Selena chose to live, is not acquainted with catastrophe of this magnitude. The most bothersome thing on the minds of residents as March 1995 came to a close was how the Federal defense budget cuts would impact the local U.S. Navy facilities. A sizable number of the jobs in town were tied to the military installation, and many jobs had already been lost.

Corpus Christi—usually called just Corpus—is an open, friendly, and tolerant town, with a live-and-let-live atmosphere fostered by its types of commerce—oil and gas, cattle ranching, military, and tourism. All these industries can have their boisterous types: sailors, cowboys, drillers, and tourists. But they all mix in pretty well; and serious crime, especially violent crime, is no more a problem there than in most smaller cities. It is on the increase everywhere, but no more so in Corpus than anywhere else.

The population, about half-and-half Anglo-American and Mexican-American, also gets along pretty well. It hasn't always been that way. But by the measure of some other cities in Texas and other parts of the country where large ethnic groups face each other every day, Corpus Christi has handled its integration problems.

The young Mexican-American woman, Selena, was without a doubt the most famous person in town, one of the wealthiest, and the most uniformly loved—by everyone the visiting press corps could find.

Selena belonged, as did all of the fifty-two percent of the population that boasts a Spanish surname. Long before great-grandfather Quintanilla came to settle in the region at some time around the turn of the century, Spanish-Mexican *vaqueros* settled their scrawny herds on the grassy llanos along the Nueces River. The river runs through the city, and on its banks into the scrub mesquite and cactus-pocked lands which begin outside of town, Mexicans laid out their *rancheros* in the mid-1700s.

Selena's ancestral great-great-cousins were already rooted in the area before the first Anglos came down to the river with their colonies in the mid-1800s. So Selena felt comfortable here because it was the soil of her people. After she made her fortune, she could easily have moved anywhere else, but she and her husband were building a home with some land for privacy on the fringe of the city.

The music of *Selena y Los Dinos,* her family Tejano band, carried the traces, albeit peppered with modern pop, of these early forebears. The costumes of the Tejano bands still have a flavor of the outfits worn by the Mexican cowboys.

It is south of Corpus Christi, from the Nueces River to the Rio Grande, that is the true heart of the Tejano country—just as the bayous around New Orleans are the haunt of the Cajuns. Both these lands, starkly different, seem to breed wonderful music. And where music is born, violence is a stranger.

That is why the horror and grief that visited them between March 31 and April 3, 1995, will be remembered in Corpus Christi as the most evil of times. That is why the Houston reporter was told, "the devil is loose."

On Monday, April 3, Selena's small graveside funeral was over before the slaughter at the refinery began. Family and a few friends had gathered at the graveside for burial services in Seaside Memorial Park; paid their last respects to the fallen Tejano idol, sister and daughter; and then gone to their homes in Corpus Christi to begin the long painful struggle of putting life back together again.

At around four P.M., a twenty-eight-year-old former employee walked into the Walter Rossler Company, a refinery inspection consulting company. He pulled out a 9mm semiautomatic pistol and a .32-caliber revolver, and he began a massacre.

James Daniel Simpson killed five people in a matter of seconds before walking out the back door of the petroleum refinery inspection company and shooting himself in the head. He died at the Memorial Medical Center two hours later, just three days after Selena Quintanilla was pronounced dead at the same hospital.

Simpson's five victims were also rushed to that hospital. Pronounced dead from gunshot wounds were the following:

Walter Rossler, 62, owner of the company
Joann Rossler, 62, his wife
Wendy Gilmore, 42, office manager
Richard Tomlinson, 34, operations manager
Derrick Harrison, 35, technical salesman

Two other employees at the company escaped the deadly firestorm by climbing out windows. Earlier in the day, a man fitting Simpson's description had driven by a city park and fired a gun from the window of his car.

The site of the slaying was only a few miles from the Days Inn motel where Saldivar is alleged to have shot Selena.

As far as could be determined, these victims, too, were as blameless as Selena had been for any act or deed that might have made sense of the killings.

The separate murders were not connected, directly, in any way, except they were both committed with handguns.

And maybe if the devil was actually afoot in the city . . .

The shooter was described as "a little bit different" by a former coworker. "He didn't fit in." Similar things had been said about the accused killer and former employee of Selena.

The massacre was the worst wholesale killing in Texas in quite a while: since the massacre of twenty-four people at Luby's Cafeteria in Killeen over three years ago and the more recent one at the cult compound near Waco.

Corpus Christi Police Chief Henry Garrett again met the newspeople to formally identify a murder suspect.

There was absolutely no connection between the two incidents.

Simpson lived alone in an apartment. Yolanda Saldivar also lived alone in an apartment, but nowhere near Simpson.

No one seemed to know why Simpson shot his former fellow workers. No one had any good explanation for why Saldivar allegedly shot Selena.

Simpson had been dismissed from his job for some unknown reason the previous September. Saldivar was about to be fired by Selena.

Simpson had cursed his victims before systematically killing them. No one knows what words passed from Saldivar's lips before she shot her victim in the back.

Corpus Christi Police Chief Garrett did make one connection between the two murders.

"We have had two incidents here this week where people have been killed with concealed weapons," the chief said. "This is an example of what happens when people carry them."

The Reverend Morgan Rowsome has lived in the city for more than twenty-five years and he has never heard of anything as horrible as those past few days. "No. No. I never saw anything like this. I don't think we *ever* had—and I may stand corrected—a mass murder like this one in Corpus Christi. I hope this is not a copycat from the Selena thing."

While Corpus Christi officials made no connection between the murders, an expert on violence in the workplace and consultant to the Federal Bureau of Investigation was not so sure.

Dr. Park E. Dietz of Newport Beach, California, talked to the *Corpus Christi Caller-Times* reporter, Vivienne Heines.

Dietz said there was definitely a relationship between the events that had occurred in the community in recent days. The consultant, who helps companies establish programs to prevent violence in the workplace, said that high-profile murders often set up other murders.

"It's not the news about a crime that makes people suicidal or causes them to become mentally disordered or that causes the crime," Dietz said.

"It's that it determines when the crimes occur."

Dietz said that most mass murder cases or work-place crimes can be predicted if a person is trained to know what to look for. While not parallel, both the Selena murder and the murder at the company three days later were "workplace related."

". . . always there are some aspects of behavior that should have put people on warning that there was something wrong," Dietz said in the interview with Heines. "Perceptions of unfairness, unresolved griev-ances, limited career opportunities, and a host of normal phenomena that are present everywhere."

Dietz has worked recently on such high-profile cases as the Menendez brothers, accused of killing their parents in California, and Susan Smith, the South Carolina housewife who is charged with drown-ing her two young sons. He has authored a compre-hensive study of fans stalking celebrities. He is the founder of the Threat Assessment Group.

Dietz said that violence is often triggered by televi-sion images of violence, and that newspapers lack the visual impact to ignite a violent act that might be waiting for a spark.

There were plenty of both types—TV and newspa-per reports—in Corpus Christi for those several days. They filled the motels and hotels of the city, which normally run high-vacancy rates during the off-season between Spring Break and summer holiday.

Just getting to Corpus was the first challenge. For most of the reporters, figuring out what "Tejano" means was the second. Suddenly, a few Texas music critics and writers became the journalists de jour for the United States.

But the learning curve was short, and the coverage heavy. Within hours, most of North America knew that the Queen of Tejano Music was dead, and not long after that, much of the country was learning something about Tejano music.

The newsmen and newswomen covering Selena soon found they were on a different kind of story. It was not a run-of-the-mill killing of a famous person. As they interviewed those who had known her, it became clearer that Selena was not just another rising star whose career was cut short by an untimely death.

They reported that fact, and from coast-to-coast and throughout Mexico, the picture of this extraordinary person was given unusually sympathetic coverage.

People Weekly even rushed to print with a special cover for its distribution in the southwestern and western states where Selena's largest concentration of fans reside. The cover featured a melancholy young woman, not a glitzy star, and the lament "The Death of Selena."

When all the stories of mayhem that could be found in Corpus Christi that week were finally put to bed, the out-of-state news people began drifting out of town. No doubt they were bid farewell with the usual pressroom gallows humor provided by their Texas peers. After all, some of these same reporters had been to Killeen and Waco recently to cover high-profile violence and homicides. Things like "keep your Texas passport current . . . see you next time . . . hope it's not too soon."

As the newspeople left Texas, the state legislature was in the final stages of passing a new gun bill that would make it lawful for citizens to carry a concealed handgun.

Corpus Christi was beginning to return to normal.

Except there were seven fewer residents than there had been four days earlier among the approximately 260,000 people who live in this peaceful city on the shores of the Gulf of Mexico.

14

THE FIRST MEMORIAL TO THE TWENTY-THREE-YEAR-OLD singing superstar and folk heroine Selena Quintanilla Perez was not made of marble or bronze. It was the simple dedication of a friend's wedding, on the day that she was killed.

There will be other living memorials to her over the years. Many thousands of newborn Hispanic girls will certainly be named Selena.

And someday one of those girls may become as famous, because there are already thousands of Mexican-American children and teenagers practicing Selena's songs in the hopes of being like their beloved role model.

"People ask me, 'Will there be another Selena?' And I say no, there will be only one Selena," said fellow Tejano musician Roberto Pulido. "But I'm hoping and keeping my fingers crossed that maybe we will have another young lady—or even a young guy— who can continue what she was doing." And what she was doing, according to Pulido, was trying to make people identify with the music, to use the music "to bring people together."

In interviews with people throughout the industry, the story was repeated. Selena's sacrifices have clearly opened doors for the Tejano musicians who will follow.

"I personally think even with her death Selena will

continue to take the music to new levels," said Joe Trevino. "I would tell you, right now, there is no one ready to replace Selena—she was miles and miles ahead of the other female artists," he said. "But somewhere out there—maybe there is some girl in junior high, singing in the school choir . . .

"Unfortunately, the press Selena received as a result of her dying has brought a lot of attention to the industry and that attention will help the industry grow," Trevino added.

Carlos Guerra, a columnist for the *San Antonio Express News*, noted, ". . . even some of the big, so-called mainstream radio stations in the state [Texas] violated their own bans against any music that sounded like Tejano to play some of Selena's hits."

Guerra pointed out the coverage of Selena's death had been phenomenal by any standard.

"It was a sign—albeit a sad one—of the changing times . . . front-page coverage in every major daily newspaper in Texas—and also *The New York Times*.

"Television coverage was not limited to the Spanish-language networks. The English-language networks gave the story prominent play, as did CNN."

He wrote of the "dominant force" Selena had been in bringing the Tejano music form to the American mainstream. But Guerra's editorial may have captured the most important message that the Hispanic people were sending to the rest of America.

"If there is one aspect of this great loss that is particularly lamentable," Guerra wrote, "it is the loss of a successful, clean-living, and positive role model.

"I feel especially sad for the kids, especially the Hispanic kids, and especially the girls," concluded the Guerra editorial. "They have lost such a wonderful and positive role model . . ."

Whether Selena's death is truly a loss or a beginning

of hope depends upon how the politicians, the policy-makers, and the people respond to the opportunities for harmony left in Selena's wake.

The choice will be made in the weeks and months that follow the event of March 31, 1995. The question is this: Will Selena be mourned for a time and her memory beatified, or will her example as a role model be adopted?"

Selena's legacy had yet to be defined, because the grieving process had not yet run its course.

There was a glimpse of things to come at the Tejano wedding held in Eagle Pass–Piedras Negras on the night of her death.

Weddings are among the happiest and most festive of all the important occasions celebrated by the Texas-Mexican people. It is a time for much music and dancing.

Only hours before they were to be married, the bride- and groom-to-be were stricken with grief when they received word that "They have killed Selena!" They left the wedding hall where final preparations were being made and retired to their room at a nearby hotel to watch in stunned silence as the details of the horrible slaying were broadcast from Corpus Christi.

How could they go on with the wedding now? Even though many of the expected 3,000 guests from all over the United States and nearby northern Mexico had already arrived for the occasion, the couple agonized over whether they should call it off.

They, and many of their arriving guests, were from the Tejano music business, and from the entertaining tradition which demands that "the show must go on," whatever the circumstances.

As they struggled with their conflicting emotions, it became clear to them that Selena would have wanted the celebration of life to go on. She had a zest for life and shared it with everyone who would accept it.

Johnny Canales, who had been so much a part of Selena's rise to stardom, was the groom-to-be. Over the difficult, lean years he had personally witnessed Selena's determination to persevere, whatever the odds against her.

"Selena, above all people, would have wanted life to go on," Canales said. "We were so sad, but decided to go ahead with the wedding."

The ceremony began with a moment of silence. There was not a murmur, not a baby's cry in the hall of more than 3,000 people. The wedding was dedicated to Selena.

Perhaps it is fitting that of the thousands of vigils, marches, Masses, and other events that would be held in the days after Selena's death, the first of the memorials was this celebration of life and love.

Selena's death has already had an impact on the American music scene as a whole.

A music cult is forming for the twenty-three-year-old, and her story is destined to become one of the tragic legends about young American musicians and entertainers who died on the brink of fame. Jim Croce, Buddy Holly, Sam Cooke, and Stevie Ray Vaughn have been frequently mentioned in the aftermath of her death.

She will definitely join the pantheon of music-lovers' martyrs. Her records and videos are already coveted as collectors' items, selling out nationwide within an hour of the bulletin announcing her death. "Entertainment Tonight" opened the deification campaign the Monday after her death on Friday with the trumpet blare: "Selena . . . poised to conquer America and shot down in cold blood . . . the life Selena will never live," and then proceeded to show her swinging and singing in her sexiest tight jeans and bare midriff.

The one area where the most immediate impact

will be experienced is in the Tejano music field, which was so much a part of Selena's life, and where she was so much a part of its success.

Arista/Texas, a new label specializing in this fastest growing musical sound, is nurturing a whole constellation of new Tejano stars.

The impact of Selena's death when viewed pragmatically offered a mixed picture, and leaders in this industry were ambivalent about what the tragedy would mean to Tejano music.

On the one hand, the musical genre had lost its most stunning voice, and there was no one in sight or sound to fill the huge void left by her loss. On the other hand, Selena's death created such a ferocious thunderstorm of attention that millions of people who had never heard of Tejano are now curious enough to give the music a listen.

"Maybe there can be something positive out of all this sadness," said Johnny Canales. "The up-and-coming young stars, the young girls singing, will not have as many problems crossing over or getting their records played because Selena has broken that ground. She was the one who suffered to break down the barriers."

At the same time the Texas Legislature was passing a resolution to honor Selena's contributions to the community, it faced a more practical reality check as a result of her death by gunshot. When Selena was killed, a bill making it legal for Texans to carry concealed weapons appeared to have clear sailing to passage.

The outrage, especially in the Hispanic community, over another senseless killing by guns threw up a formidable reef, at least public-relations-wise, in the path of the pro-gun lobbyists' support of the proposed legislation. In a state already beset with a recent history of some of the most horrendous shootouts since the Wild West, the Selena killing and the massacre in Corpus Christi days later gave opponents new ammunition.

And they came out shooting with the instant support of the Quintanilla family.

Corpus Christi lawmakers called for tougher restrictions to Texas's proposed concealed handgun bill almost before Selena and the other victims were buried.

Following her murder, Selena's father, Abraham Quintanilla, Sr., asked her fans to voice opposition to the proposed legislation that would permit Texans to carry concealed handguns.

Spanish-language radio stations began to bombard their listeners with the Quintanilla family plea two weeks after her death, and the message was being delivered hourly on most stations.

The handgun bill had passed the state Senate before the shootings and was being considered in the House, where it was expected to win approval. The bill was sponsored by Senator Jerry Patterson (R-Houston) and Representative Ron Wilson (D-Houston). Governor George W. Bush had said he would sign the bill if it included adequate training and licensing requirements.

Under the legislation, eligible applicants would have to be legal Texas residents, at least twenty-one years old, never have been convicted of a felony, have not been delinquent in making a child support payment, and not be chemically dependent or of unsound mind. They also would have to be trained, pass an exam and pay $140 for a four-year permit.

Arguably, both the alleged shooters in the Corpus Christi murders would have qualified to carry a concealed pistol under those guidelines.

One local House member wanted to increase the number of training hours required from ten to forty before a gun license can be issued.

Supporters said the measure would allow law-abiding citizens to protect themselves. Opponents say it would make the streets more dangerous for everyone.

Selena's father told reporters, "Though it's hard to find any positive aspects to this tragedy, we would urge the community to [oppose] the present bill before the Texas House and Senate."

Regardless of the outcome of the handgun legislation in Texas, Selena's legacy will be most pronounced in the communities of her origins—among the Hispanic people. More than remembering the day she was shot or the day she was born, Selena would probably want the people to continue the real work of her life—bringing harmony to the cultures and removing the divisions between the ethnic groups, races, and classes.

There is a sizable population of Americans with Spanish surnames, and this ethnic group is the fastest growing in Texas.

Diversity was great among her own people until Selena came along, using her music as a unifying force among the twelve million Mexican-Americans. The Mexican-Americans were called many things: Tejano, Latino, Hispano, Chicano, and Mesicano. Thanks to Selena a bond was forming among the Mexican-Americans. Her music made them just people who liked to listen to Tejano music. No matter what the name will be, Selena helped make the Hispanics know who they are.

Her music was reaching and unifying many of the approximately twenty-four million people of Spanish ancestry in the United States, which includes the Mexican-Americans. Within the next fifteen years,

Hispanics will be the largest minority population in the country.

Selena frequently spoke of using her music to help create harmony among races. She was in the process of completing a crossover album in English, with every promise that this album would bring the Tejano sound and spirit to the larger English-speaking audience.

Thus, her work to bring peace among the peoples was beginning to come to fruition.

Some Hispanic leaders, old and new, have expressed the same interest in extending the hand of the Hispanics to all American cultures. They will miss the strong influence Selena could have brought to that process. She considered English to be her native and first language, even though all her previous work was in Spanish. Her heart was not English or Mexican, it was that unique Tex-Mex mix called Tejano.

There have been other Texas Hispanics, such as Congressman Henry Gonzales, Cabinet Secretaries Federico Peña and Henry Cisneros, and scores of state legislators and business executives, with similar ambitions to build on the strengths of all cultures rather creating divisiveness for political or financial gain.

Fortunately, others are rising to the challenge, like recently elected Congressman Frank Tejeda of San Antonio.

And there are pragmatists among the Anglos in Texas, too. Former Governor Ann Richards remains a powerful influence on the development of public policy and has been a leader in building Texas and the nation through uniting the cultures of all races.

These leaders have identified the pivotal role the Mexican-Americans have had in Texas's booming economy and integrated culture. Despite its rugged history of often cruel exploitation of the Mexicans,

SELENA!

Texas is emerging as a national pacesetter for harmonious multiculturalism. They recognize that the Tejanos have a contribution in every field of endeavor. The stereotypical picture of the contribution of the Tex-Mex culture as Mexican food, Spanish-tiled roofs, and colorful clothing has long since changed.

Selena's exemplary life, and her self-accepted challenge as a role model, leave opportunities for Mexican-Americans, Anglo-Americans, and other racial groups to reach across the barriers.

If a twenty-three-year-old singer from Corpus Christi, Texas, can make such a difference, surely others with far greater political and financial resources can, too.

Selena has left the legacy. It's up to others now.

As for those who will mourn her loss, and especially the Tejanos, an Anglo close to the Hispanic music and the people thinks they will grow stronger from the tragedy of Selena's death.

Steve Sagik, in addition to his years as a music buyer specializing in country-and-western and Latin music, is also in graduate studies in Hispanic culture at the University of Texas at Austin.

"The incredible strength of the Tejano people is in their families and their religion," Sagik said. "They will recover from this. Their answer to crisis is prayer. All Americans have a lot to learn from the Tejanos."

Tejano is a music of assimilation and Selena's goal in particular was to use that music to bring people together. Her friend and fellow musician, Roberto Pulido, summed it up when he asked, "Why can't there be peace?"

Pulido and the others who loved her will not let the hope die with Selena.

Everything happens for a reason," he said. "Selena's death has really united our communities."

Over the years, although Roberto and Selena had performed at many of the same events, they had never sung together. "We had planned to," said Pulido. "We had a track already laid out."

After a reflective pause, he said, "Maybe we can sing together in Heaven."

Eulogy to Selena*

by Victor Landa

IT'S A SIN TO KILL A MOCKINGBIRD," NOVELIST HARPER Lee warned us through his character Atticus Finch, because the only thing mockingbirds offer us is song.

Even the tone deaf cannot argue his point. Music is universal, it is not self-serving and its value lies in the intangible realm of the spirit. Music, even the song of a bird, belongs at once to no one and to everyone.

Maybe that's why the silencing of any songbird can sadden us so profoundly. And when the silencing is violent, the sense of loss is shocking.

If you are not a fan of Tejano music, you may be somewhat bewildered at the grief following the murder of singer Selena Quintanilla Perez.

The circumstances are not notorious. Selena was gunned down by one of her closest and most ardent supporters over an employment dispute and allegations of fraud.

---

*Reprinted with permission of the San Antonio Express News, and the author, Victor Landa, who is the news director of KVDA-TV, in San Antonio, Texas.

The song was suddenly silenced and with it there was a profound sense of loss.

Such was her popularity in the Hispanic community that she counted herself among those who are identified only by a first name. She was to everyone simply Selena, and that was more than enough.

The sense of loss is very real—the images on countless news reports are witness to the fact. The disbelief is disturbing. What is most often said is, *"Quién esperaba que eso fuera a suceder"*—who would have expected that to happen? The sadness is deep—many young Hispanic girls saw in her a world of possibility, so they mourn hope.

If anything can put the loss in perspective it is the hope that Selena seemed to personify for many in the Hispanic world. Her popularity came not only because of a prodigious voice, but also because she seemed to be so much like everyone else.

Her home was like ours. She lived next door to her parents in Corpus Christi, and she was planning the dream house that many of us also dream of.

Her laughter and enthusiasm were infectious, just like the laughter and enthusiasm of so many people we all know in our personal lives. And from a very humble beginning she had risen to international stardom, singing our music, being proud of it.

She stood for those who now mourn her, she was the face of a culture that is just now attaining long-overdue recognition. We were proud of her because we are proud of ourselves.

And so our loss, our disbelief, and our sadness leave us with the certainty that the senselessness and the violence have gone too far.

The daily, individual count of victims of violence scares us and saddens us. We feel for the families of those involved, we mourn the loss of such promise, and we wonder at how the families can cope. Those crimes affect us as witnesses to something that we have yet to put our finger on, but that we know is certainly decaying the fabric of our society.

But the murder of Selena seems different. Her life was of no greater value than that of the thousands (even millions) of victims before her. The difference is that she touched more of us. Our community had invested in her. We accepted what she gave us, and we gave her our admiration in return.

And so we are all at a loss.

If killing a mockingbird is a sin because the bird offers us only song, then what are we to expect from the killing of hope?

OFFICIAL MEMORANDUM
STATE OF TEXAS
OFFICE OF THE GOVERNOR

Selena Quintanilla-Perez was born on April 16, 1971 in Lake Jackson, Texas.

At the age of nine, she began working to help support her family as the lead singer for Selena y Los Dinos. It was the beginning of an outstanding career.

Selena's talents were recognized with numerous awards, including Female Vocalist of the Year and Performer of the Year at the Tejano Music Awards in 1987; a Grammy Award in 1993 for Best Mexican-American performance for her album "Selena Live"; Female Singer, Song and Album of the year in 1993 from Premio Lo Nuestro, the Latin equivalent of the Grammys; and, in 1995, six Tejano Music Awards and another Grammy nomination for her song "Amor Prohibido."

She was as popular in Texas as she was in Mexico, and she had a long and impressive list of accomplishments at the age of 23.

This ambitious and determined young singer was a role model who inspired millions of people and broke through ethnic, cultural, age, and language barriers.

SELENA!

She represented the essence of South Texas culture and was identified as the girl from Corpus Christi who achieved international stardom but never forgot where she came from.

Her unprecedented fame did not sway her firm beliefs in education or her family values. She lectured at schools on the value of education, participated in the D.A.R.E. program, and was actively involved in the Coastal Bend AIDS Foundation.

Selena died March 31, 1995, one week before her first movie, *Don Juan DeMarco*, was released nationwide.

The loss of this talented young singer will be felt by millions who saw her not only as a singer, but also as a friend. Her music and special contributions to Texas, the United States, Mexico, and the world will continue to inspire people of all ages and cultures.

Therefore, I, George W. Bush, Governor of Texas, do hereby proclaim April 16, 1995, as:

SELENA DAY

in Texas, and urge the appropriate recognition thereof.

> In official recognition whereof, I hereby affix my signature this 12th day of April, 1995.

Governor of Texas

SELENA!

In addition to the Governor's memorandum, the 74th Legislature of the State of Texas sought to "honor the life, career, and personal convictions of this self-made international star and acknowledge the impact that this young Tejana has had across the world" with an official tribute. Senate Concurrent Resolution Number 116 was adopted by the Senate on April 3, 1995, and by the House on April 11, 1995, a week before what would have been Selena's twenty-fourth birthday.

ARABESQUE BOOKS are published by

BET Publications, LLC
c/o BET BOOKS
One BET Plaza
1900 W Place NE
Washington, D.C. 20018-1211

All Kensington Titles, Imprints, and Distributed Lines are available at special quantity discounts for bulk purchases for sales promotions, premiums, fund-raising, and educational or institutional use. Special book excerpts or customized printings can also be created to fit specific needs. For details, write or phone the office of the Kensington special sales manager: Kensington Publishing Corp., 850 Third Avenue, New York, NY 10022, attn: Special Sales Department, Phone: 1-800-221-2647.

First Printing: April 2001
10 9 8 7 6 5 4 3 2 1

Printed in the United States of America

DANGEROUS
PASSIONS

Louré Bussey

ARABESQUE
★BET.
BOOKS

BET Publications, LLC
www.bet.com
www.arabesquebooks.com

¡SELENA!

Para millones de admiradores, el asesinato sorprendente de Selena Quintanilla Pérez, de 23 años, cortó prematuramente una brillante carrera musical. Selena era una amada cantante, premiada con el Grammy®, y estrella de la orquesta perteneciente a su familia llamada *Selena y Los Dinos.* Tan dulce, sexy, y vibrante como su música, Selena se convirtió en la reina del *Tejano,* una versión moderna y urbana del Tex-Mex llamada *conjunto.* Una defensora de pobres, Selena estuvo felizmente casada con Chris Pérez, el guitarrista principal en su orquesta. Ella era una gran estrella, el orgullo de su cultura, una artista joven lista para entrar al mercado musical americano y que compartía admiradores con otras estrellas como Gloria Estefan y Janet Jackson. Sus discos y vídeos musicales fueron agotados por todo el país solo una hora después de su muerte. Pero su maravillosa música vivirá para siempre . . . y con ésta, su adorada alma que ha unificado admiradores de todos los rincones de la nación.

**"TE TENGO EN MI ALMA;
NUNCA ME OLVIDARÉ DE TI.
ADIÓS MORENA."**
—cantado durante una vigilia
para Selena

¡SELENA!

La vida sensacional y la muerte trágica de la
reina de la música tejana

CLINT
RICHMOND

Traducido por Shawn Fields

POCKET BOOKS

New York   London   Toronto   Sydney   Tokyo   Singapore

Una Publicación *Original* de POCKET BOOKS

POCKET BOOKS, una división de Simon & Schuster Inc.
1230 Avenue of the Americas, New York, NY 10020

ISBN: 0671-54522-1

Primera edición de Pocket Books, Mayo 1995

10 9 8 7 6 5 4 3 2 1

POCKET y colofón son marcas registradas de Simon & Schuster Inc.

GRAMMY es una marca registrada de la National Association of Recording Arts and Sciences

Cubierta de Larry Busacca/Retna Ltd.

Impreso en los Estados Unidos

Reconocimientos del Autor

Siendo gringo, no tenía muchas ganas de entrar en el reino de los tejanos en su momento de gran tristeza. Me di cuenta rápidamente que mi preocupación no tenía base. Cuando hablé con los que habían conocido a Selena, a menudo entrevistas interrumpidas por lágrimas, encontré a manos de una verdadera amistad extendida. Me gustaría exprimir mi apreciación a la gente que libremente compartieron sus memorias de esta increíble joven mujer y están mencionados en la parte de atrás del libro.

De más, ofrezco mis gracias a los que me ayudaron, bajo circunstancias difíciles, a contar esta pequeña parte del cuento de Selena. Primero, Judith Morison, mi mujer, laburó infatigablemente en el manuscrito y en los cambios. Cary Prince, Carlos Marroquin, y Roberto Benevides me dieron información útil sobre la industria de la música tejana. Jim Hornfischer superó por mucho a sus obligaciones de mi agente literario.

Sue Carswell, Gina Centrello, Bill Grose, Penny Haynes, Craig Hillman, Donna O'Neill, Dave Stern, Jill Wallach, y Kara Welsh de Pocket Books que realizaron milagros menores para publicar esta obra. Irene Yuss, Joann Foster, Stephen Llano, Allen Rosenblatt, y John Edwards; estos empleados de Pocket Books trabajaron veinte cuatro horas al día para quedarse dentro los límites.

Me gustaría agredecerle también a Shawn Fields, la traductora.

¡SELENA!

Y hay una persona más a quien quiero agredecer. Poco tiempo después de haber comenzado la obra, me di cuenta de que tenía una invitación especial para escribir esto cuento trágico aun lleno de esperanza.

Selena recibirá a cualquiera en el corazón tejano, escuchen solamente para el mensaje de la canción de su vida.

¡SELENA!

1

En cuanto oyó el grito de una mujer, la camarera salió corriendo al pasillo desde el cuarto vacío que estaba limpiando. Mientras se precipitó por la puerta, otra llamada de socorro dirigió su atención hacía la larga pasarela exterior que corría a lo largo del hotel Days Inn.

Vislumbró dos figuras corriendo de la habitación 158: una mujer morena con cabello largo escapándose de otra mujer—más baja, rechoncha y un poco gorda que la perseguía. Luego la camarera las perdió de vista.

Un momento después, se oyó un tiro.

Un golpe fuerte resonó por las paredes del hotel y a través del estacionamiento casi vacío. Durante ese segundo, la explosión del revolver ahogó el murmullo del tráfico sobre la carretera 35 que quedaba a poca distancia del hotel.

El turismo estaba fuera de temporada en Corpus Christi, y el Days Inn que se encontraba en Navigation Boulevard en frente al "refinery row" tenía pocos

huespedes a esa hora. La hora de salida eran las doce. El tiro fue disparado a las 11:47 de la mañana.

Aunque no se dio cuenta en ese momento, la camarera, cuya identidad la policía de Corpus Christi y la gerencia del Days Inn se niegan a revelar, fue el primer testigo del fin trágico en el mundo idílico de la alegre y carismática Selena Quintanilla Pérez.

La camarera es el único testigo conocido a lo que Yolanda Saldívar hizo durante los segundos antes de que, según se dice, disparó a la cantante/bailarina que es adorada por todas partes como la Reina de Música Tejana.

Probablemente la primera persona que supo que una violencia extraordinaria amenazaba fue Ruben DeLeón, el gerente del servicio de comidas del Days Inn. Segundos después de que se oyó un tiro, una hermosa y joven mujer fue tambaleando hasta la oficina del hotel.

Selena tenía el rostro más famoso de este pueblo marítimo y puerto estadounidense del Ministerio de Marina, y DeLeón la vió tropezar en el vestíbulo—sangre cubriendo el hombro derecho. Se cayó a unos pasos adelante de el, cerca de la recepción. La cantante tejana se estaba muriendo desangrada de una arteria cortada en su pecho.

DeLeón llamó inmediatamente al 911.

No se sabe exactamente lo que le dijo al transportista de la policía—es desconocido si gritó el nombre Selena o no. Pero, lo que le dijo resultó en una reacción de emergencia rápida. Los automóviles de policía y una ambulancia llegaron al hotel dentro de pocos minutos.

"Cuando llegamos encontramos a la herida Selena en el vestíbulo del hotel," dijo Ken Bung, el subjefe de policía de Corpus Christi. Hubieron reportajes contradictorios sobre el tema de cuándo le dispararon

a Selena, en el cuarto de su asaltadora o después de que se escapó. Antes de que fuese callada por las autoridades, el cuento enigmático de la camarera tiende a indicar que fue herida mientras la perseguían.

Los primeros agentes de policía que llegaron al hotel encontraron a la sospechosa todavía en el lugar del crimen. Una mujer se encontraba sentada en un pequeño camión rojo, a poca distancia de la habitación 158. La policía reportó que la mujer estaba histérica.

La ambulancia llegó a llevar con toda prisa a la ídola tejana que se encontraba herida a muerte al hospital. La policía, con pistolas en las manos, ya había impedido a la sospechosa de escaparse—se esta fuese su intención.

Cinco agentes se escondieron detrás de vehículos de cada lado del camión rojo de la mujer. Tres de ellos se agacharón detrás de un camión blanco que estaba estacionado al lado del camión de la mujer y nivelaron sus armas automáticas a su ventanilla, mientras un cuarto agente se le acercó. El quinto agente se escondió detrás de un grande camión de Yellow Freight Systems que estaba estacionado del otro lado del automóvil de la sospechosa.

La mujer alzó un revolver en vista del agente de policía que se había acercado en frente del camión. Retrocedió. Otro agente se arrastró abajo del camión blanco y, usando el volante como protección, mantuvo su pistola automática en dirección de la ventanilla de la conductora.

Cuando la mujer negó a rendirse, la policía llamó al Equipo de Rescate del Departamento de Policía de Corpus Christi.

Al poco tiempo, los primeros agentes de policía a llegar al lugar del crimen vestidos en uniformes de

verano con mangas cortas y llevando pistolas, fueron reemplazados por agentes provistos de muchas armas, vestidos en uniformes de faena y cascos de hierro. El equipo de rescate obturó el estacionamiento y el hotel.

Otros agentes más corrieron a lo largo de la pasarela de madera del segundo piso y se pusieron en posición arriba del vehículo de la sospechosa. Podían ver la cabina del camión pequeño de arriba pero las ventanas tintadas los prevenían de ver dentro.

Para entonces, veinte y cinco agentes de policía habían rodeado el camión y obturaron la zona alrededor del hotel.

En frente a la escena tensa en el estacionamiento pavimentado había un campo abierto con un solo arbolito para abrigo. El paso superior de la carretera se encontraba más allá del prado cortado. Las cámaras con teleobjetivos del noticiero pudieron captar el drama del terraplén elevado de la carretera.

Una confrontación armada entre la policía y la sospechosa había empezado en cuanto la ambulancia que llevaba a Selena llegó al Memorial Medical Center, a dos millas, en el centro de la ciudad.

Dentro de pocos minutos después de haber llegado al lugar del crimen, dos agentes del equipo de rescate se movieron agachados a lo largo del lado derecho del camión rojo. Un agente mantuvo un escudo de metal en frente de su compañero y de si mismo.

La ventanilla del lado de pasajero estaba bajada unos ocho centímetros. Con su pistola en su mano derecha, apuntado a la ventanilla de pasajero, el segundo agente avanzó muy despacio la mano izquierda hacía la hendedura abierta.

Otro agente del equipo de rescate estaba acostado encima del capó del vehículo a la izquierda de la mujer. Apuntó su rifle a la ventanilla de la conduc-

tora. Saldívar se quedó sentada rígidamente detrás del volante.

El agente lentamente alargó su brazo hacía la ventanilla con un instrumento pequeño en su mano. Cuando su mano estaba paralela al espacio abierto en el vidrio, hábilmente dejo caer el objeto en el asiento de adelante y se agachó atrás de su escudo de nuevo. El objeto era un teléfono celular.

"Tiene un revolver a su cabeza. Estamos negociando con ella," dijo Bung, el subjefe de la policía, mientras la situación estancada seguía.

En aquel momento, los agentes estaban preocupados que la mujer podría suicidarse. Estaban negociando con ella para que se rindiese, pero no discutieron su estrategia o si la mujer exigía algo.

"Estaba muy agitada, muy exaltada," dijo otro subjefe de Corpus Christi, Pete Álvarez. "Mencionó varias veces que no quería hacerle daño a nadie."

Después de haber hablado con familiares, un portavoz de la policía les contó a los reporteros, que ya habían logrado a saber detalles que explicaban los motivos para el crimen.

"Pensamos que fue un malentendido del trabajo," dijo Bung. "Nos enteramos que ella [la sospechosa] fue despedida hoy mismo."

Pocos momentos después, el agente responsable del asedio ordenó un bloqueo informativo completo. La policía había oído la radio en el camión de Saldívar recibiendo anuncios noticieros. No promulgaron más informes oficiales a los jornalistas durante la situación estancada, y la policía admitió después que no quisieron que la mujer supiera qué era lo que estaba pasando dentro del perímetro.

Las negociaciones siguieron durante toda la tarde mientras multitudes de todas partes de Corpus Christi se juntaron en las barricadas en la parte norteña de la ciudad. Habían desviado el tráfico fuera

de Navigation Boulevard y sus vías de acceso, que corrían abajo de la carretera. El bulevar es una arteria importante para los trabajadores de las refinerías localizadas a lo largo del cercano cauce. Era un viernes, y el tráfico desviado causaba algunas congestiones. Pero, la mayor parte de los problemas de embotellamiento fueron causadas por las multitudes.

Algunos espectadores les contaron a los reporteros que habían venido a ver para si mismos que el asesino de Selena no se fuera a escapar, aunque, en ese momento, la multitúd no tenía la más mínima idea quién le había disparado a la cantante.

Martín Figuero, un circunstante, como la mayor parte del público, dijo que había venido a la escena del crimen en cuanto se enteró del asesinato.

"Cuando me enteré de la vigilancia aquí, me vine inmediatamente para asegurar que la policía la atraparan," dijo Figuero de veinte y nueve años.

La gente enojada se había enterado de la identidad de la víctima en el noticiero local, menos de una hora después del asesinato.

Ondas de choque cubrieron la ciudad sobre la Bahía de Corpus Christi y sobre los cactus de Tejas del Sud. Poco a poco se supo hasta en la Ciudad de Méjico que le habían disparado a Selena. Dentro de pocas horas el departamento de policía de Corpus Christi recibió llamadas de España.

Pronunciaron la muerte de Selena a la 1:05 de la tarde el viernes 31 de marzo 1995. Tenía veinte y tres años.

Su muerte fue causada por una sola bala. Las transfusiones de sangre y la cirugía de emergencia no pudieron salvarla—el tiro disparado en la espalda de la estrella había sido demasiado exacto para reparar.

Los encargados del hospital encontraron la mano de Selena apretada alrededor de un objeto. Cuando

abrieron su puño, encontraron una sortija vistosa de oro y de diamantes.

La sortija llevaba un huevito de oro blanco incrustado de cincuenta y dos diamantes pequeños. Sus empleados habían hecho una colecta para diseñar la sortija especialmente para Selena.

Mucho más tarde, el regalo precioso que la cantante moribunda agarró fuertemente en su mano se convirtió en un símbolo macabro de la traición que le fue infligido por una persona que pretendía ser su admiradora más fervorosa.

El empleado del hotel, DeLeón, fue la primera persona que expresó el horror del acontecimiento, que dentro de poco tiempo se apoderó de innumerables amigos, admiradores, familiares y hasta extranjeros.

"Estaba parado ahí no más cuando la vi entrar y caerse adelante mío. Fue terrible, ni puedo discutirlo en este momento, estoy demasiado perturbado."

DeLeón no pudo contestar preguntas de esos primeros atroces minutos en el vestíbulo del Days Inn aun después de varias semanas.

Pero ese día en el estacionamiento del hotel, la situación estancada seguía hora trás hora, con las multitudines en los alrededores enojándose más y más.

El asedio tenso, con intervalos de explosiones de llantos hístericos mientras la mujer blandía el revolver, duró toda la tarde hasta el anochecer. La escena misteriosa fue filmada a través de un teleobjetivo de cámara mientras Corpus Christi observaba el drama que se arollaba.

La escena era demasiado semejante a la situación estancada filmada entre el previo héroe de fútbol americano O.J. Simpson y la policía en los suburbios de Los Angeles menos de diez meses antes. Simpson,

luego acusado de haber asesinado a su mujer, también usó un revolver para mantener lejos a la policía, con una amenaza implicada con suicidarse si los agentes se le acercaban.

Un cielo gris y unas lluvias violentas—cosas raras para este pueblo marítimo soleado de la Costa del Golfo—acentuaroan los acontecimientos que estaban por manifestarse.

Antes de que la semana se acabara, la televisión y los diarios publicaron cuentos contradictorios de lo que había pasado antes del asesinato. Es posible que nunca tendremos una imagen clara de la sucesión de eventos que prepararon el terreno para el asesinato de Selena.

Lo que sí se sabe es que Selena fue al hotel sola para reunirse con la presidente de su club de admiradores, Yolanda Saldívar. En septiembre 1994 le habían ofrecido a Saldívar el puesto de gerente de las dos boutiques de ropa, que se llamaban Selena Etc., una en Corpus Christi, la otra en San Antonio. La familia de Selena se esperaba a que hubiera una confrontación cuando Selena fue a despedirla a Saldívar, pero no fue claro por qué ella fue sola a verla.

Algunos familiares y empleados que habían trabajado con Saldívar dijieron que la disputa era sobre el tema de dinero mal administrado. El total de este dinero no fue nunca revelado, y nunca levantaron expediente contra ella.

Abraham Quintanilla Sr., el padre de Selena, explicó brevemente la disputa antes de buscar retiro para su familia para que podían empezar el largo luto.

El padre de Selena le contó a la policía que algunos miembros del club de admiradores se habían quejado que no recibieron los regalos que se les había prometido—un CD, una camiseta, una gorra y un póster firmado—cuando pagaron el precio de iniciación de

veinte dólares. Se concluyó que Selena había enfrentado a Saldívar sobre este y otros temas.

Una explicación posible que fue reportada después de la muerte de Selena, decía que Selena, quien era conocida por su compasión, estaba acudando en auxilio de su asaltadora. La policía y algunos familiares le contarón a NBC-TV que Saldívar convenció a Selena de que la habían violado y que le pidió que la llevara al hospital para que la examinaran.

Según este cuento, Selena había ido a buscar a la mujer y la llevó a un hospital. Llegadas al hospital, Saldívar supuestamente confesó que había inventado el cuento de la violación durante una examinación. La última confrontación hubiera seguido cuando las dos mujeres volvieron al hotel en donde Saldívar estaba registrada.

Otro cuento extensamente contado, no mencionó la supuesta violación y sugerió que la confrontación empezó más de tres semanas antes del asesinato. Esta teoría describe la causa inicial del problema entre Selena y Saldívar como una pelea sobre fondos malversados.

Los empleados de la boutique de Selena en San Antonio han confirmado que hubo una pelea varias semanas antes sobre problemas financieros.

A Saldívar la acusaron de haberse robado los archivos de contabilidad a Monterrey en Méjico después de la pelea. No hubo ninguna explicación o confirmación de ese hecho. Su familia se encontraba en San Antonio donde fue criada. Supuestamente volvió a Corpus Christi de Méjico el 30 de marzo. Después de haber firmado el registro en el hotel Days Inn, según se dice, Saldívar llamó a Selena y consentió a devolverle los documentos si ella viniese sola al hotel.

Selena fue al hotel el jueves con su marido, Chris

Pérez, pero la pareja se fue poco tiempo después sin los documentos.

El misterio de *por qué* Selena volvió sola el hotel el día siguiente sigue sin respuestas. Los investigadores de la policía rápidamente dejaron de dar información al público por causa del juicio inminente del asesino acusado.

Lo que sí se sabía era que Selena fue sola al hotel el viernes por la mañana.

Mientras tanto, la situación estancada había durado más de nueve horas, y la mujer no mostraba ningun seño de salir del vehículo.

La policía de Corpus Christi tuvo mucho más paciencia que las multitudes. Hubieron un montón de rumores de que fueron más de un tiro. Rumores de una conspiración circularon en la escena mientras el cuento se expandió en otros lugares.

Pero, mientras miraban al camión oscurecido, la policía estaba convencida de que tenían entres sus manos la única sospechosa. Estaban casi seguros de que una sola persona había cometido el ataque mortal sobre la ciudadana más famosa de esta comunidad.

Mientras la situación estancada seguía en la noche, la policía y los reporteros vieron el cuerpo de Saldívar doblado sobre el volante del camión. Por lo visto estaba escuchando la radio, y de vez en cuando se deshacía en lágrimas. Cada cierto tiempo apuntaba el revolver a su cabeza. A veces lo metía en su boca cuando un agente de policía se acercaba demasiado.

A las 9:15 de la noche, Saldívar salió brevemente del camión pero volvió a la cabina pocos segundos después. Finalmente, quince minutos más tarde la policía pudo convencerla de que se baje del camión. Esta vez, la policía la agarró. El agente de policía que la detuvo le puso un abrigo encima y la metió en el coche-patrulla.

Los admiradores de Selena aplaudieron a la policía

desde las barricadas mientras el equipo de rescate detuvo a Saldívar. Las multitudines hormiguearon detrás del equipo con las cámaras de televisión hasta la calle detrás de la cual el coche-patrulla se llevó a la sospechosa a la comisaría que quedaba a dos millas.

La pusieron a Saldívar en una zona de alta seguridad en la cárcel. Estaba en custodia del alguacil de Nueces County. El departamento del alguacil empezó a recibir llamadas amenazantes casi inmediatamente. Menos de veinte y cuatro horas después de la detención de Saldívar, habían ya recibido más de cien llamadas, varias entre ellas amenazas en contra la sospechosa. Multitudines enojadas se reunieron fuera de la cárcel.

"Está en una celda privada," dijo el sheriff J.P. Luby. "Había mucha gente esperando fuera anoche, pensaba que la iban a liberar con una fianza."

Al principio la fianza era de $100,000 pero la subieron a $500,000 después de que el jurado de acusación la encausaron del asesinato el 6 de abril.

"Está bajo guardia protectiva para asegurar que no se suicide y también no queremos tomar el riesgo que alguien tome se revancha sobre ella," dijo el alguacil.

El sheriff Luby dijo que varios otros prisioneros, que tienen acceso a las noticias de radio y de televisión, eran admiradores de Selena pero que ninguno entre ellos representaba una amenaza a la seguridad de la cárcel.

El sufrimiento de casi diez horas se había acabado, pero un trauma aún más penoso tomaba sus raíces en las comunidades hispanas de Norte América.

El acontecimiento en Corpus Christi fue una experiencia terrible para un gran porcentaje de la población de los Estados Unidos. Las noticias del asesinato de unas de las mujeres más queridas en la historia hispana americana se diseminaron inmediatamente. Las noticias aparecieron no solamente en

los noticieros hispanos pero también en la primera página del *New York Times* el día siguiente.

Los detectives de la policía y un representante de la oficina del fiscal del distrito judicial empezaron a interrogar metódicamente a los testigos del lugar del crimen, a varios empleados de Selena y a la familia Quintanilla. Además de la investigación forense para el juicio, los detectives y los fiscales quisieron una explicación que pudiera aplicarse a la muerte de una joven mujer quien parecía ser adorada por todos.

"Han matado a Selena," fue el grito que se oyó un millón de veces en los Estados Unidos y por todas partes de América Latina. Pero hasta ahora la evidencia mostró que Selena murió a causa de una sola persona, de una sola disputa financiera.

Pero aunque esta conclusión contesta la pregunta de cómo sucedió el asesinato, no se aplica al tema ardiente y más importante, o sea por qué.

El sábado 1 de abril, el pueblo marítimo de la Costa del Golfo, un pueblito generalmente quieto, se despertó en una escena caótica cuando un montón de jornalistas dominaron el pueblo. Aunque es una ciudad de más de 250,000 habitantes, Corpus Christi tiene la atmósfera de un pueblito. Cada uno de los ciudadanos tenían la sensación de conocerla como el cariño de su ciudad natal.

No había nada en la historia del pueblo que hubiera podido preparar a sus residentes para la atención que se les iba a prestar en ambos planos, nacionales e internacionales. Los peores desastres que habían ocurrido en su agradable comunidad antes de este día infame fueron los huracanes que de vez en cuando se largaban desde el Golfo de Méjico y los montones de estudiantes universitarios que se iban de vacaciones a las playas cercanas de Padre Island durante la Pascua.

Ahora el Days Inn en donde mataron a Selena se

llenó inmediatamente de jornalistas aunque por lo general casi nunca se encontraba ocupado durante marzo y abril—tiempos fuera de temporada.

Todas las habitaciones se ocuparon menos una: la habitación 158.

La habitación en donde sucedió el asesinato se convirtió en un relicario. Los admiradores de luto la cubrieron de ofrendas desde la vereda hasta el piso y hasta el techo, y tuvieron que vigilar que no se robaran los ladrillos del muro como recuerdos.

Los admiradores horrorizados escribieron sus nombres sobre la puerta usando rojo de labios, lustre blanco y pistolas de pintura. "Amor para siempre . . . te extrañaremos . . . Amor desde Houston . . ." estaban escritos en la puerta. Una foto de su infancia fue pegada en la puerta.

En el pueblo se esperaban a que el fin de semana sea una experiencia terrible a causa de los admiradores que venían llegando de lejos para mostrar su tristeza a la familia. Largos remolques de coches venían vagando por las calles en el barrio híspano en donde aun vivían Selena y su familia.

Un jornalista, Allan Turner del *Houston Chronicle,* reportó que un ciudadano dijo: "El diablo anda suelto en Corpus Christi." Tal vez por eso seguían diciendo que "ellos" la mataron.

Les metieron cámaras y micrófonos a la gente que nunca había tenido tal experiencia. Ambos el cuerpo de periodistas y los ciudadanos querían saber que es lo que estaba pasando. Porque quisieron matar a Selena?

Los residentes de Corpus Christi a quienes les preguntaban estas mismas preguntas aun lo querían saber.

De todos los testimoniales y la evidencia, y un escrutinio microscópico de la vida entera de Selena,

la joven no había hecho nada para tentar al destino—
al menos de que tener confianza y un poco de naiveté
se hayan transformado en pecados.

Sin respuestas satisfactorias, una tormenta de
tristeza y de rabia de proporciones internacionales
salió de la ciudad natal de Selena en la tarde del 31 de
marzo y en los días siguientes.

¡Han matado a Selena!

Se oyó este grito lleno de angustia muy seguido
después del asesinato de la vivaz cantante/bailarina.
Aunque no es más que un grito agudo, sigue
resonando a través del mundo hispano. Su mensaje
resona en los corazones de toda buena gente como el
redoble de la tambora de rancho que fue tocado hace
ya más de cien años en los primeros conjuntos de
músicos tejanos.

2

LOS MÚSICOS TEJANOS SON COMO FAMILIARES. TAL VEZ NO
se ven muy a menudo, pero tienen lazos comunes que
son tan profundos como las raíces de su música.
Viven viajando y se reunen bastante seguido en
alguna parte del camino, encontrándose de vez en
cuando reservados para la misma representación—
una fiesta local o un gran concierto. El músico
Roberto Pulido conocía a Selena por primera vez
cuanda era niña, y a través de los años, su conjunto y
el de ella tocaron en los mismos eventos.

El 31 de marzo 1995, en una parte del camino a lo

largo del Río Grande, Roberto Pulido se despertó de un sueño muy profúndo de agotamiento, algo muy común para un músico tejano ambulante.

El día comenzó en el estudio de grabación para Roberto y su conjunto tejano, *Los Clásicos*. El conjunto tex-mex popular se había apurado en grabar un album entre representaciones de noche. Poco después del medio día, cuando uno de los músicos lo despertó a Roberto con las noticias, el autobús pasaba furiosamente por la carretera hacía un concierto esa misma noche sobre la frontera entre los Estados Unidos y Méjico.

El último concierto después de un largo día iba a ser una fiesta para la comunidad tejana—el casamiento de Johnny Canales, el presentador del show conocido que lleva su nombre. Se esperaban tres mil invitados de los Estados Unidos y de Méjico.

"Estaba muerto de cansancio, y no podía creer que me despertacen." Una semana después, la fatiga seguía en la voz de Roberto Pulido mientras contaba los eventos de ese día.

"Estaba trabajando en mi próximo CD, y había puesto todas las voces y nos íbamos a Eagle Pass. Johnny se casaba ese mismo día, y íbamos a cantar en la boda.

"Le dije a los muchachos, 'nos tenemos que ir antes del medio día.' Entonces volví de la grabación, me bañé, comí algo—como mi familia se fue, les dije, 'Me voy a acostar un rato, síganme en el coche.' "

"Comimos y volví al autobús, los muchachos adelante y yo en la litera."

Poco tiempo después, lo despertaron a Pulido.

"Uno de los muchachos gritó, 'Roberto, ¡le dispararon a Selena!' "

"Le contesté, 'no te burles de mí. Mira, es el 31 de marzo. Si esto es un chiste del día de inocentes, se equivocaron de día.' "

15

Pulido se detuvo momentáneamente, respiró como lo hacen los músicos entrenados, y siguió hablando.

"Me contestaron, 'no, es en serio, hombre.'"

Con una voz empeñada por la emoción, el músico de cuarenta y cuatro años, siguió.

"Paramos [el autobús] y lo único que pudimos hacer fue llorar. Fue increíble. Ya no pude más dormir. Habían tantos rumores—ha sido una pesadilla. Todavía no hemos recuperado del choque."

Llendo a pocas millas de la carretera, en los pueblitos cercanos en la frontera, Eagle Pass y Piedras Negras, ya habían comenzado las preparaciones finales para la gran boda de Johnny Canales y de Nora Pérez.

Johnny estaba personalmente averiguando unos últimos detalles, como lo hace muy seguido con su show emitido en Univisión en veinte y tres paises. Fue en este programa que había introducido a Selena a la televisión hispana, pero el conocía a su familia desde antes que naciera.

Canales recordó el momento en el cual se enteró del crimen.

"Eran las 3 de la tarde," dijo Canales. "estaba inspeccionando las decoraciones de la boda, y mi hermana entró, tenía la cara pálida. '¿Sabes lo que ha pasado?' me dijo. 'Acaban de dispararle a Selena.'

"No le creí porque siempre se empiezan rumores de ese tipo. Han dicho en la radio que me mataron, que lo mataron a José López de Mazz. A veces nos llaman y nos ponen en el aire, para que la gente sepa que es mentira," dijo Canales.

"Pero mi hermana me dijo, 'No Johnny, estan dando detalles.' Entonces le contesté, 'Vamos, vamos,' y fuimos al hotel para mirar el canal Univisión local, el afiliado Telemundo y ahí estaba y casi me morí yo también."

Mientras Pulido, Canales y miles de admiradores de Selena lucharon por comprender el asesinato, la policía de Corpus Christi seguía tratando de convencer a la mujer acorralada en el camión que se rindiese.

Los admiradores devotos de Selena no pudieron aceptar una simple explicación: un admirador obsesionado llegó a ocupar un puesto en la confianza de una joven estrella, le seguió los pasos dentro de su propio mundo privado y luego la mató.

La incredulidad no fue solamente un fenómeno local. En dos continentes la gente exigía respuestas. Noticieros de las estaciones de radio hispanas llenaron las ondas radiofónicas en ambas Americas. Cuando el periodismo norteamericano corriente por fin se dió cuenta de qué se trataba este tumulto, los reporteros y los equipos de cámara de diarios metropolitanos y los gigantes de las revistas noticiarias se apuraron a Corpus Christi para conseguir los detalles del cuento.

La angustia de Roberto Pulido se repitó en voces de viejos, viejas, niñas, adolescentes, y adultos de todas clases sociales. Sacerdotes y gánsters callejeros en los barrios de América se pegaron a la radio para oír más noticias de su querida Selena. Por todas partes en donde los jornalistas encontraban a un mejicano-americano para hacerle una entrevista, el mismo cuento le salía de la boca.

El círculo de jornalistas y de espectadores se ensanchó como un rizo de una piedrita tirado en un charco y pronto incluyó casi todo americano de ascendencia hispana. En todas las voces de las entrevistas, y en las citas de las revistas y de los diarios, el mensaje era el mismo.

Todos la conocían a Selena y todos la amaban.

El dolor era palpable en las trasmisiones televisivas en las fotos de las caras las abuelitas mejicanas que resaban, los rostros mojados de lágrimas de las jovenes niñas latinas, los solemnes comentos de los empresarios hispanos, los cantos de lamentación de los viejos guitarristas chicanos, y el oratorio legislativo de los políticos tejanos.

Las zonas amplias del suroeste de los Estados Unidos, de California, de Colorado, tanto como de las comunidades hispanas de Florida y de Puerto Rico reportaron la misma reacción atontada a la violencia. Reportaban esta tristeza horrorizada por todos lados que se hable español—a través de Méjico, hasta América Central, y también en ciudades y pueblos de Sud América.

La tristeza no era exclusiva a los tejanos. Los noticieros de programas prestigiosos como "Dateline NBC" y "Entertainment Tonight" invadieron los living de los americanos que nunca habían escuchado ni el nombre de *Selena*, ni una nota de música tejana. Los presentadores de las noticias se apuraron para saber más de la música tejana y de los hispanos de la nación, ya ignorados desde mucho tiempo.

¿Quién era esta joven mujer, tan bien conocida por su comunidad que solo necesitaba su primer nombre? La vivaz estrella mejicana-americana cantaba la mayor parte de sus canciones en español. Cuando se murió, estaba preparándose a cruzarse con su primer album en inglés—cuatro canciones ya habían estado grabadas. Pocos meses antes, le había contado a un jornalista del *Houston Chronicle* que esperaba que su música, cantada en inglés, ayudaría a todos los americanos a mejor comprender a los hispanos viviendo junto a ellos.

Tristemente, su muerte le asegurará un paso exitoso. Entre una semana de su muerte, varios de sus

canciones y de sus albums subieron vertiginosamente en la lista de los cuarenta hispanos de *Billboard* y un album póstumo se venderá tan rápido como los CD y las cassettes pueden ser fabricadas. Seguramente será la primera tejana a obtener una posición corriente distinguida de tener un album de platíno.

La atontada subida rápida de Selena desde 1987—de su oscuridad como la cantante principal en el conjunto tejano de su familia hasta varios millones de dolares en ingresos de sus albums, un premio Grammy, y la ganancia de todos los premios internacionales en el Tejano Music Awards en febrero de este año en San Antonio hubieran sido notable sin su muerte trágica.

Su cuento es insólito también porque su vida era sin escándalos y sus valores de familia los tomaba en serio. A pesar de sus trajes sexy y de sus presentaciones fulminantes, mantenía la atmósfera saludable que atraía a admiradores de todas las edades y morales.

Aun antes de su muerte, Selena estaba consiguiendo poco a poco una audiencia corriente, compartiendo los mismos públicos de sus contemporáneas Gloria Estefan y Janet Jackson. La describían como la "Madonna latina . . . sin la controversia."

Su éxito en el mundo comercial de música lo cual es a menudo cínico no disminuyó sus fuertes lazos familiares. Pero hay que decir que la música tejana casi siempre tiene que ver con relaciones de familia, como los primeros días de la música country y western.

Selena también acababa de aparecer en su primera película, *Don Juan DeMarco.* La película salió en Houston la semana de su muerte—otro detalle extraño en los acontecimientos alrededor de su muerte. Tenía solamente un papel pequeño en el film

con Marlon Brando, Johnny Depp y Faye Dunaway, pero las personas enteradas de la industria estaban seguros de que tenía un futuro en el cine y en el video.

Aun con su estrella en plena ascendencia, Selena era conocida en su ciudad natal como una chica común y corriente, amable y afectuosa. Sus vecinos la veían cortar el césped de sus padres descalza con jeans viejos, o en su propio jardín, jugando con sus adorados perros. Su reputación era legendaria con su generosidad de tiempo, talento y dinero entre las familias hispanas más pobres de su barrio.

Selena Quintanilla Pérez era descrita como un "ángel" y una estrella por los tejanos. Pero en primer plazo, ella era simplemente Selena. Y esa identidad de nombre sola se pegará a su leyenda.

El día que la mataron a Selena, su canción popular, *Fotos y Recuerdos,* fue la canción número cuatro en la lista de los cuarenta hispanos de *Billboard.*

Fotos y Recuerdos: las palabras recuerdan a los aficionados de música una canción en inglés de otra estrella que se murió mientras su carrera se extendía. La estrella era Jim Croce, y la canción era la canción principal de su album, "Jim Croce, His Greatest Hits."

Una generación musical después, una frase de la canción de Croce resona misteriosamente, como un elogio apropiado para Selena: *". . . cielos de verano y nanas . . . todo lo que me queda es esto para recordarme de ti . . ."*

Les quedan solo sus propias fotos y recuerdos de ella, pero los tejanos no dejarán que se les olvide a Selena.

3

EL 16 DE ABRIL 1995, DOMINGO DE PASCUA, A CASI DOS mil millas de Corpus Christi, un grupo de los angelinos se reunió en Our Lady Queen of Angels para honrar la memoria de una joven mujer que ese día tendría que haber cumplido veinte y cuatro años.

La Misa especial fue la idea de Amalia Gonzalez, presentadora de música para unas de las más poderosas estaciones hispanas de radio en los Estados Unidos, KTNQ en Los Angeles.

"Selena era un ángel que vino a este mundo especialmente para unir todas las razas," dijo Gonzalez.

"Nos visitó para traernos todos juntos en este momento—toda la comunidad. Mejicano-americanos, salvadoreños, guatamaltecos—somos todos una raza. Así se siente la gente ahora mismo."

La cantante era muy popular en California, y Gonzalez habló con cienes de escuchadores que llamaron a su programa para discutir su tristeza.

"Solo su presencia, su manera de ser, Selena era muy especial, muy humana," dijo Gonzalez. "No era el tipo normal de grande estrella que se siente superior a todos."

Gonzalez cree que el poder de Selena de reunir a la gente hubiera podido extenderse más allá de la gente híspana, y que a través de su música, se podría haber

convertido en una fuerza curativa para todas las razas y todos los grupos étnicos en América.

El DJ popular de Los Angeles piensa que la natura trágica de su muerte, sus calidades personales extraordinarias y su talento de cantar se mezclaron para convertirla en una leyenda por lo menos en la comunidad de hispanos en Norte América.

"No hay nadie que pueda tomar su lugar. Algunas cosas pasan de vez en cuando," dijo Gonzalez. "Tenemos a otra persona así, Pedro Infante."

Infante es un actor y cantante ranchero que se murió hace cuatro decadas y fue prácticamente canonizado por la comunidad mejicana-americana. "Como Selena, era muy humano, muy bueno con la gente," explicó Gonzalez. "Hacía sentir bien a la gente y cada año es más popular. La misma cosa le pasará a Selena."

Cuando nació Selena el 16 de abril 1971, Abraham y Marcela Quintanilla nunca hubieran adivinado que su hija más joven se convertería en un idolo para los hispanos.

Cuando nació Selena, Abraham estaba trabajando de shipping clerk para Dow Chemicals en el pueblo de Lake Jackson, Tejas sobre la Costa del Golfo. La pareja tenía ya dos niños—un niño de ocho años, nombrado por su padre y su abuelo, y una niña de cuatro años, Suzette. Además de haber nacido en una familia que le ofrecía una crianza extraordinaria, no había nada propicio en el nacimiento de Selena.

Pero dentro de poco la familia Quintanilla se enteraría de los talentos especiales que poseía la menor precoz. Todos quienes conocían bien a los Quintanilla se acuerdan que de niña pequeña, Selena era feliz y efervescente—y muchos los conocían bien porque el grande y extendido clan tejano comparte mucho, son amables y simpáticos con todos en la

comunidad de Corpus Christi en donde la familia Quintanilla tiene sus raíces.

Abraham y Marcela se mudaron a Lake Jackson, en Tejas, un pueblito floreciente setenta y cinco millas al suroeste de Houston, antes de que naciera Selena. Selena pasó su infancia allí, un pueblito de más o menos veinte mil habitantes. Se encuentra entre los ríos Brazos y San Bernard. La gente pensaba que los Quintanilla eran buena gente, padres que trabajaban duro, y vecinos simpáticos y de confianza.

Las capacidades músicas de Selena se desvelaron temprano a su padre. La verdadera pasión de Abraham siempre había sido la música. Quando era jovencito, había sido un cantante para un conjunto que se llamaban *Los Dinos*. Un día estaba tocando la guitarra en su casa modesta cuando Selena, a los cinco años, se le sentó en el regazo y empezó a cantar. La puridad de su voz y su tono perfecto le sorprendieron.

Pero en ese momento, Selena era solamente una niña normal, creciendo en un bochornoso pueblo costañero en donde Dow Chemicals era la industria ancla en el complejo más grande de química básica. Lake Jackson es uno entre nueve pueblos en los llanos costañeros de Brazoria County. Esta zona tiene también un puerto de mar profundo y una industria de pesca comercial, pero la química sostiene la economía.

En 1980, Abraham dejó su trabajo en Dow Chemicals para abrir un restorán tex-mex, Papagallo's. Toda la familia, no solamente los padres, ayudaron. La hermana de Selena, Suzette, su hermano Abraham III—A.B. o Abe, para abreviar—y hasta la joven Selena—tenían tareas en el restorán poco reconocido.

Abraham ya había insonorizado su garage y había empezado a enseñarles a sus hijos la música que le

gustaba tanto. Formaron un conjuntito con dos niños más: Rodney Pyeatt y Rena Dearman. Dentro de poco tiempo, el conjunto estaba dando representaciones en bodas y fiestas.

El restorán también representó una oportunidad para los músicos en embrión. Casi todos los fines de semana, el conjunto cantaba para los clientes—A.B. tocaba el contrabajo, Suzette tocaba los tambores y Selena cantaba.

Pero pese a todos sus esfuerzos, el negocio se fundió un año después, víctima de la recesión causada por la quiebra de petróleo en Tejas.

Todos los que conocen a los Quintanilla están de acuerdo que el padre, Abraham, era la cabeza de la familia muy unida. Una persona seria y severa, Abraham podía ser gracioso y gregario cuando la ocasión era apropiada. Fue Abraham el que le enseñó a Selena como cantar en español. Era a través de la música que aprendió a hablar el idioma; Selena hablaba inglés en la escuela y en su hogar. El padre le enseñó a Pyatt, Dearman y a sus tres propios hijos a cantar las palabras de las canciones en español, primero fonéticamente, después infundiendo la canción con emoción.

Según un amigo de la familia, mientras Abraham enseñaba a su hijo a tocar la guitarra, Selena, en la escuela elemental, mostró su determinación para ser una profesional.

"Abraham le había comprado una guitarrita a Abe y pasaba mucho tiempo enseñándole a tocarla," reveló el amigo. "Le dieron celos a Selena porque su Papá le estaba prestando más atención al hermano. Como ella era la más joven y no quería que la excluyeran, dijo, 'Entonces yo quiero ser la cantante,' y desde ese momento su padre le empezó a enseñarle la música."

Mientras entrenaba su voz, Selena empezó a

aprender el idioma de los tejanos. La familia entera se convirtió en conjunto durante estos años tempranos, el hermano de Selena, A.B. (que era mayor de ocho años), tocando la guitarra, y su hermana Suzette (que era mayor de cuatro años) tocando el tambor.

Pero ganando un sueldo en un conjunto tejano antes de que la música tejana sea popular era casi más imposible que la idea del restorán que tuvo Abraham cuando dejó su trabajo en Dow Chemicals.

Era la enorme compañía Dow Chemicals que le trájo a Selena la mayor parte de sus amigitos a su vida. Los niños de primer grado en la clase de Selena en Oran M. Roberts Elementary School eran igual de diferentes que sus futuras multitudes de admiradores.

Niños de todas partes de Latino América, y también anglo-americanos y africano-americanos, asistieron a las clases con Selena ese primer día. Varios dentro de ellos eran de Chile y de Argentina. Los padres habían llegado a Dow Chemicals a través de un programa de entrenamiento especial de un conglomerato internacional enorme que estaba preparándose para una expansión a Sud América.

Cuando Selena empezó la escuela en Roberts Elementary, el edificio de ladrillos marones, construido diez y seis años antes, tenía lugar para veinte clases. Hoy, la escuela remodelada y ampliada, tiene 450 estudiantes.

Nina McGlashan fue la maestra de primer grado de Selena y sigue enseñando en la misma escuela. Aunque ha tenido cienes de alumnos desde que se convirtió en educadora en 1964, se acuerda claramente de Selena.

"Ponía mucho esfuerzo en todas sus tareas y tenía mucho entusiasmo para aprender, era el tipo de alumna que a uno le gusta tener," dijo McGlashan.

De niña, Selena era curiosa y una persona que realizaba su potencial, pero era su personalidad que la

dejó pegada en la memoria de la maestra veterana para todos estos años.

"Me acuerdo de su grande sonrisa. Selena tenía una personalidad muy alegre," se acordó McGlashan. "Era feliz, tenía una buen actitúd. Niños que tienen personalidades muy contentos a menudo siguen por influenciar a la gente, esa fue la fuerza que le vi a Selena."

Aun en el primer grado, Selena parecía ser un catalizador para la inclusión. Su clase, como la comunidad misma, era compuesta de niños de todas las razas, de familias pobres y ricas.

"Selena participaba en todas las actividades," dijo McGlashan. "Traía a los otros niños juntos en al jardín. Era fácil llevarse bien con ella y todos los niños la querían."

Selena jugaba a juegos con el mismo entusiasmo que le traía a todo. Unas de las actividades más populares durante el recreo regular eran bailar y varios juegos de marro, incluyó "Duck-Duck-Goose," que se juega en un círculo de niños que tratan de no ser el "goose."

Según su maestra, Selena particularmente sobresalía en un juego que se llamaba "Jump the Brook." Para empezar, se ponen dos cuerdas en el suelo, una a un pie una a la otra. Los niños se ponen en fila y saltan encima de las cuerdas. Cuando cada niño ha tomado su turno, se mueven las cuerdas un poco más lejos. El ganador es el que sucede a saltar lo más lejos posible.

Selena seguiría a ser talentuosa en saltar sobre barreras invisibiles pare el resto de su vida.

McGlashan perdió la pista de Selena mientras la alumna cambió de grado. Después de que se fundió el restorán, los Quintanilla perdieron su casa y su sustento, se volvieron a mudar a Corpus Christi y Abraham comenzó de nuevo a trabajar en plena dedicación en la industria de la música tejana. El

conjunto de la familia, que se llamaba *Selena y Los Dinos* rodeó la zona sud del Tejas.

La futura estrella siguió sus estudios en West Oso Junior High School en Corpus Christi, pero sus viajes seguidos con el conjunto le redujo drásticamente sus tiempo en la escuela. Mientras las exigencias de viaje de su carrera música que estaba floreciendo se agrandaron, la mayor parte de su educación durante sus años adolescentes fue completada a través de un programa organizado para estudiar en el hogar. Este programa le valió un diploma equivalente de la escuela segundaria. Luego, Selena se convirtió en una defensora poderosa para que los niños mejicanos-americanos se queden en la escuela.

Selena no fue siempre un ángel perfecto de niña. Roberto Pulido se acuerda afectuosamente de un evento que hace prueba de que en su papel de cantante juvenil, Selena podía ser una niña típica.

Un grupo de conjuntos tex-mex se había juntado en San Antonio para grabar un album para conseguir dinero para darles de comer a los pobres.

"Estaba sentado en la primera fila," se acuerda Pulido. "Sentado dos filas detrás de mí estaba Selena y otra niñita cantante que se llamaba Michele. Se estaban riendo y estabamos tratando de empezar la grabación. Siguieron riéndose y finalmente me di vuelta y les dije, 'Oigan, esta es una grabación. Es muy importante, y ahora tienen que portarse como profesionales.'"

Selena rápidamente le deritió el corazón al músico con su sonrisa famosa y un complimento.

Le sonrío alegremente a Roberto y le dijo, "Cantas tán alto, Cantas más alto que yo." (Pulido canta un tenor muy alto.)

La sonrisa convencente de una niña y un complimento sin engaño calmaron la situación, y los conjuntos, incluso la familia de Selena, terminaron de

grabar el disco para la caridad. Fue una ocasión de muchas en la cual Selena donó sus talentos a causas mejicanas-americanas a través de los Estados Unidos.

Como mucha gente a lo largo de su vida, Pulido tuvo la oportunidad de ver a Selena "seguir creciendo" en su carrera. Y ahora, con su muerte, las memorias le han entrado a raudales.

"En los Tejano Music Awards en San Antonio en 1993, la ví después de que aceptó sus premios," se acordó Pulido. "Me dijo, 'Roberto, tengo una foto de nosotros juntos cuando tenía trece años.' Le dije que me gustaría tener una copia para ampliar y poner en la pared de mi estudio. Claro, se puso muy, muy ocupada después de eso, y me hubiera gustado haber conseguido esa foto."

Uno de los músicos que llegó a ser una gran parte de la subida de Selena hacía la fama fue Johnny Canales, que ahora tiene el programa "El Show de Johnny Canales." Pero en esa época era solamente un músico ambulante que se encontraba a menudo con la familia Quintanilla en fiestas, bodas y otros festivales.

"Cuando su padre era parte de *Los Dinos,* yo también tenía un conjunto y a veces tocábamos en las mismas fiestas," dijo Canales. "Su padre nos era muy cercano, lo conocíamos hace mucho tiempo. Después llegó Selena. Entonces era más como familia que como amistad."

Canales dijo que Selena tenía doce o trece años cuando cantó en su show por la primera vez, después de eso apareció una docena de veces.

"Cuando era joven y estaba recién empezando, nuestro show era pequeño, en solamente cinco estaciones de televisión. A través de los años, mientras creció, nosotros también crecímos. Es como nos criamos juntos."

Canales se acuerda que desde su infancia la calidad

brillante de Selena era evidente en el minuto que se subía al quiosco de música.

"Dicen que cuando tienes un ángel, hay ciertas personas que en cuanto las ves, te captan los ojos, tienen un magnetismo y pude ver la chispa en la manera que cantaba, en el modo de que se movía, en el modo de que bailaba."

4

EL RÍO GRANDE QUE CORRE A TRAVÉS DEL CORAZÓN DE LA zona de música tejana ha llegado a ser un símbolo negativo para muchos americanos en los años 1990. Algunos ciudadanos de los Estados Unidos miran al río lento y fangoso con frustración a causa de su larga lista de problemas sociales y económicos, cuestiones de inmigración, preocupaciones sobre empleo con el paso de NAFTA, los efectos del peso sobre la economía americana. Algunos políticos se aprovechan de estas frustraciones, buscando beneficio en la discordia.

Los tejanos han sufrido por generaciones las barreras verdaderas e imaginadas que este río representa.

Selena, como adolescente cantante mejicana-americana a menudo sufrió la punzada de prejuicios durante sus años formativos. Su comportamiento y sus palabras, especialmente después de su subida rápida al nivel de estrella, revelaron su conocimiento

de los problemas. Y estaba determinada de hacer algo. Selena sabía que su ambición de cruzar las barreras raciales, culturales y económicas no iba a ser fácil. Pero por medio de su música, ya había destruido algunas barreras que anglo-americanos y otros grupos étnicos y razas no sabían que existesen.

Los tejanos, originalmente los mejicanos-americanos quienes nacieron o vivían en Tejas, han experimentado prejuicios de sus conciudadanos americanos de otras razas y de sus iguales en Méjico.

La discriminación de los anglo-tejanos en contra de la gente tex-mex persiste hasta cierto punto, aunque tal vez no en tal que una "política oficial," como la que recientemente fue aprobada en California por los votantes. Muchos sintieron que la proposición 187, aun dirigida a los inmigrantes ilegales, era llena de insinuaciones étnicas. Proposiciones para privar a los inmigrantes legales de los beneficios federales, los ataques sobre la red de seguridad social y la retórica de "America First" que sale de derechas republicanas en los años 1990 fueron vistas como sentimientos latentes de intolerancia étnica saliendo a la vista. Y siguen habiendo bastantes ocurencias externas de prejuicio contra los hispanos en todas partes de América.

Los *norteños* (esos mejicanos del otro lado de la frontera) tienen un prejuicio contra los tejanos por razones semejantes de las de los anglo-tejanos. Muchos tejanos jóvenes hablan y leen solamente en inglés, y según los mejicanos, ninguno de ellos hablan español correctamente.

Los tejanos hasta se refieren a su idioma como "Spanglish" y orgullosamente usan la mezcla cultural colorada en sus canciones, sus conversaciones y hasta sus programas de radio y de televisión.

Hasta hace poco, la música tejana no era demasiado popular en Méjico. Era prácticamente

prohibida en Puerto Rico y los barrios puertorriqueños de Nueva York, y era esquivada en Florida cubana. Así fue hasta que Selena empezó a cortejarlos.

La Selena adolescente tuvo que nadar en contra de las corrientes muy fuertes de este río símbolico, económicamente y culturalmente. Hizo progresos enormes. Del mismo modo que sobresalió en el juego de niños "Jump the Brook," estaba llenando el hueco étnico con sus canciones y su presencia sensacionalmente seductora en la escena.

Un conocido de mucho tiempo de la familia Quintanilla, Rosita Rodela, habló de la relación entre la cultura y el idioma.

"Cuando Selena iba a la escuela, hablaba en inglés," se acordó Rodela. "Los niños mejicanos-americanos son así hoy en día. Suena terrible decirlo, pero se olvidan de su herencia. Tengo un ñieto de siete años y no habla ni una palabra de español."

Rodela, como muchas otras personas entrevistadas en los días siguiendo la tragedia, aplaudieron a Selena por haber devuelto un cierto punto de herencia cultural a la comunidad. La cantante cuyo primero idioma fue el inglés, aprendió el español fonéticamente de las canciones que le enseñó su padre. Aunque su versión de la música tejana era distintamente moderna con un toque popular, los sonidos tradicionales se encontraban siempre en el fondo. Su conjunto reemplazó el fundamento de la música tejano verdadera, el acordión, pero los sonidos del conjunto eran provistos por el moderno sintetizador electrónico.

El músico veterano Roberto Pulido atribuyó a Selena el hecho de haber sido la persona que desbloqueó el camino étno-linguístico.

"Lo que hizo hace poco ha abierto las puertas," dijo Pulido. "Muchos conjuntos tejanos están

cantando en Méjico, en Florida y en Puerto Rico, lugares en donde antes no tenían la oportunidad de cantar.

"En el 1980 lo intenté pero era algo muy distinto. Lo que hizó Selena es un cosa cambiada y cada músico tejano te podría hablar de sus sacrifícios y de todo su trabajo duro tuvo un gran impacto en la aceptación de nuestra música.

La música tejana está ardiendo por todas partes," dijo Pulido, en un homenaje al papel fundamental que Selena desempeñó en la industria. "Su muerte inspirará a mucha gente, a la buena gente de todos lados, de trabajar más duro todavía."

Selena empezó su pequeño asalto sobre la formidable barrera mientras estaba entrando en sus años adolescentes, cuando apareció por primera vez en televisión en el show de variedad músical de Johnny Canales. En esa época uno podía ver "El Show de Johnny Canales" en cinco estaciones hispanoparlantes de televisión. Selena fue un éxito inmediato con los telespectadores igual que el show de Canales se convirtió un hit. Mientras la sensación de la carrera y del show no tenían nada que ver el uno con el otro, Selena y el show Canales gozaron de un crecimiento paralelo en tal que reconocimiento para los próximos diez años. El show Canales es emitido internacionalmente en la red de Univisión, diseminando música y conjuntos tejanos a veinte y tres países, más de quinientas estaciones en apróximadamente doscientos mercados.

Selena, quien apereció en el show una docena de veces en los últimos diez años, consiguió una audiencia importante para sus canciones a través de este vehículo. Vía el programa pudo compartir la música tejana con conjuntos desde Nueva York a Colombia en Sud América. La joven adolescente se

convirtió en la preferida entre culturas hispanas diferentes.

Canales todavía se acuerda cuando se dió cuenta de que Selena estaba por llegar al nivel de fama internacional.

"Fuimos los primeros de llevarla a través de la frontera á Matamoros. Me parece que era 1986, y me moría por ver como los mejicanos reaccionarían.

"Se subió en la escena y se volvieron locos. A los diez y seis años, eso es cuando me di cuenta de la magnitud que tenía Selena." Había capturado a la frontera: Matmoros, Nuevo Laredo y Monterrey.

El padre de Selena, Abraham, hizo todo para apoyar a su estrella naciente. Manejaba el conjunto, se ocupaba de las reservaciones, trabajaba en las tablas de armonía y acumulaba el dinero.

Joe Trevino, otro veterano de las familias músicas tejanas, se acordó de una ocasión más tarde en la carrera de Selena cuando tenía al público en el mismo borde de destrozar el estadio. Esto también fue en el norte de Méjico.

Abraham había conducido el autobús de la familia a Méjico, un hecho que la mayor parte de los tejanos considera una acción peligrosa a causa de las tensiones étnicas.

Trevino, que actualmente es el gerente de promociones y desarrollo de artistas para la etiqueta Arista/Texas basado en Austin, estaba en Monterrey con Emilio Navaira. Selena era la principal del espectáculo.

"Había una multitud de 50,000 personas," dijo Trevino. "Cuando Selena salió, el público empezó literalmente a empujar la escena. Tuvo que parar varias veces durante la representación para decirles que si no paraban de empujar la escena tendría que parar de cantar. Estaban hasta moviendo la

plataforma. Selena ya era una gran estrella en Méjico en esa época."

Pero no siempre fue así con las fortunas del conjunto de la familia.

Canales se acuerda de como las cosas eran diferentes cuando Selena era todavía una adolescente. El conjunto tejano de Canales compartió el estrellato con *Los Dinos* en Caldwell, Idaho.

"Era el año 1988, y toda la familia de Selena se encontraba allí. Se estaban alojando en un hotel pequeño porque no estaban ahorrando mucho dinero.

"La familia Quintanilla había recién comprado un viejo colectivo de gira. Tenía asientos por delante, pero atrás habían puesto colchones. Su ropa estaba colgada en estantes en la zona de dormir. La madre de Selena me dijo que ese autobús viejo siempre fue el preferido de Selena," dijo Canales. "Le llamaba Big Bertha."

Una audiencia bastante bueno para Caldwell, Idaho acudió a verlos. Cuando el show se acabó, Canales se acuerda de haberla encontrado a una Selena cansada sentada en unos de los asientos que quedaban en el viejo colectivo, comiendo una cena tarde de carne en conserra y de salchichas.

"Le dije, 'Selena, ¿todavía comes esas porquerías?' y me contestó que sí. 'Pero nos fue bien esta noche, estaba lleno,' le dije."

La adolescente siguió comiendo su cena de la lata. Su respuesta fue sin afectación. "No quiero acostumbrarme a la buena vida," dijo.

"Le contesté, 'Algun día te van a dar solo bisteques.'"

Los recuerdos de Canales eran de los tiempos buenos y de los tiempos difíciles, como lo eran la mayor parte de las memorias de la gente que conocía a Selena.

Cuando se murió, Selena se había trasladado a una

clase superior de autobuses. *Selena y Los Dinos* eran dueños de dos de los más modernos autobuses Silver Eagle. Un autobús era para la familia Quintanilla y otra para el conjunto. El autobús de Selena estaba completamente hecho de encargo con el mejor equipaje. Tenía un compartimiento para dormir privado, con baño, cocinita, y una cadena de sonido estereo importantísimo.

Los nuevos autobuses eran los únicos símbolos de su éxito; de toda evidencia, Selena no era motivada tanto por el boato finacierio de su succeso sino más bien por su amor puro para cantar.

Pero tuvo éxito financierio también a un nivel cada día cresciente.

La niñita que en la mitad de su adolescencia estaba comiendo de una lata en el asiento de delante en un autobús Trailways desvencijado era comfortablemente pudiente en cualquier modelo y extremamente rica en los modelos de los tejanos de Tejas del sud.

La revista *Hispanic* dijo que tenía más de cinco millones de dólares en un artículo reciente.

Selena grabó su primer disco comercial en 1983, dos años después de haber formado su conjunto. Tenía quatorce años.

Después de eso su carrera se escapó con una gran fuerza.

En 1986, Selena fue nombrada Female Vocalist of the Year y Performer of the Year en los Tejano Music Awards en San Antonio. Desde entonces, cada año se ha llevado más que su parte de premios de los Tejano Music Awards para sus representaciones y sus albums, y un premio Grammy la esperaba.

Mientras ella y su familia nunca dejaron el barrio humilde o casi pobre de Molina en Corpus Christi donde se crió, Selena hizo construir tres casa modernas de ladrillos on los lotes de la familia. Vivía en una casa con su marido, Chris Pérez, el guitarrista

en su conjunto. Las dos casas de la lado eran para sus familiares.

Con Pérez, estaban construyendo una hacienda más grande y más retirada en las afueras de la ciudad, el "dream house" que quiso desde que era niña. Sus amigos dicen que quería usar este lugar para tener un poco de privacidad. Mientras su fama crecía, sus admiradores viajaban de muy lejos para conocer a la estrella, o para solamente vislumbrar, y la gente simplemente no la dejaba tranquila en las calles poco vigiladas de su barrio. La casa de Selena estaba separada de la calle solamente por unos pocos pies y una valla de malla.

Selena conoció por primera vez a Chris Pérez, un guitarrista tejano de San Antonio, en 1988 cuando fue al ensayo de su conjunto. El tenía veinte años, le llevaba dos años. Se hizo miembro de *Selena y Los Dinos* como un músico regular el año siguiente, pero no fue hasta la mitad del 1991 que el romance verdaderamente empezó. Según Chris estaban en un Pizza Hut en el Valle del Río Grande cuando le admitió a Selena que sus sentimientos para ella representaban más que una amistad. Selena que siempre fue más abierta, empezó a hablar y aclareció que se sentía igualmente.

Selena Quintanilla y Chris Pérez se casaron el 2 de abril 1992. Hubieran celebrado su tercer aniversario el domingo después de su muerte.

De todas las aparencias, el matrimonio era feliz. Los que trafican en rumores estaban desilusionados que no pudieron encontrar bocados de cardenal de chismes de la vida de amor de la vivaz y sexy estrella latina.

Sus amigos y vecinos decían que Selena y Chris eran una pareja muy linda. El llevaba una cola de caballo muy modesta, que se les aceptaba a los

músicos, hasta en la reservada ciudad de Corpus Christi, Tejas. Y el era un marido cariñoso y atento.

Rosita Rodela y su marido Johnny son dueños de un restorán mejicano, Rosita's, en donde los Quintanilla comían a menudo. La familia entera vino al restorán solamente unas semanas antes de la tragedia.

"Selena pidió su lo de costumbre, el plato de combinación," dijo Rosita. A Selena le gustaba la comida mejicana, las enchiladas, los tamales, todo. Comía bien y Rosita se acuerda que le decía en broma que podía comer cualquier cosa y que nunca aumentaría de peso. "Cierto que era muy atlética y activa, hacía ejercicios," dijo Rosita.

A parte de la atención que la famosa estrella se atiraba a si misma, era el joven y buenmozo Chris a quien miraban los circunstantes cuando la familia Quintanilla estaba comiendo. Los Rodelas concluyeron que esta curiosidad fue causada por el hecho de que todos los hombres le tenían celos a Chris quien consiguió una mujer hermosa y talentuosa. Pero a Chris Pérez lo querían también.

"Chris era bien callado," se recuerda Rodela. "Cada vez que venían al restorán, se tenían las manos. La última vez que ella vino a comer, toda la familia estuvo aquí. Los clientes, y hasta algunos empleados, querían acercarse de ellos para conseguir sus autógrafos. Pero les dije que por favor la dejen terminar de comer. Después Selena y Chris salieron de mi restorán colgados de la mano."

Rosita Rodela, como muchos otros vecinos, conocidos, y asociados están de acuerdo que la fama y fortuna crescientes de Selena no hicieron nada para cambiar la niñita de siempre. Selena parecía no afectada a la adoración y a las acoladas.

"Todos la amábamos a Selena, no solamente por causa de su belleza y su talento," dijo Rosita,

actuando como portavoz para cientos de otros que fueron entrevistados por el consorcio enorme de reporteros de televisión y de jornalistas de los diarios que convirgió en Corpus Christi después del 31 de marzo.

"Era su modo de ser. Aunque era famosa, se portaba como cualquier persona."

El mundo de Selena era al mismo tiempo insular y muy público. Sus defensores formaron un escudo de protección a los alrededores de la joven estrella emergente a través su adolescencia tarde. Su padre, Abraham, había siempre sido protectivo, acompañándola a través del número creciente de múltitudines. Los músicos tejanos endurecidos contribuyeron sus músculos, en papeles de padres sustitutos y hermanos mayores cuando Abraham se pudiera haber dado vuelta por un momento o estubiera haciendo una de sus numerosas tareas. Su tío, Isaac Quintanilla, que dirigía un taller de reparaciones de automóviles, pasó más y más tiempo conduciendo a Selena en sus viajes. Y su madre, Marcela, parecía siempre estar junto a ella.

Mientras la fama de Selena crecía, obtuvo muchos admiradores dedicados y entusiasmados, particularmente in Tejas del sud.

Entre el grupo cresciente de devotos, se encontraba una enfermera registrada de San Antonio. Justo cuando Selena estaba acabando sus últimos años brillantes de su adolescencia, esta devota ardiente y persistente llegó a su vida. Parecía completamente normal que esta estrella de Tejas del sud tenga a una persona pidiéndole la permisión de crear un club de admiradores, y la familia ocupadísima no tenía tiempo de ocuparse una tál empresa.

Al final de 1989 o al principio de 1990, esta supuesta admiradora devota llamó a Abraham Quin-

tanilla varias veces, dejándole mensajes telefónicos bastante seguido. Ocupado con la gerencia de la carrera en vías de expansión de su hija, Abraham inicialmente no devolvió las llamadas.

El negocio dirigido por la familia, como el pequeño restorán que se fundió muchas años antes en Lake Jackson, necesitaba mucho trabajo de cada familiar. Podían dejar un club de admiradores a alguien más.

Eventualmente la familia decidió que el club de admiradores era una buena idea, y respondieron a la llamada más reciente de la mujer de San Antonio.

Su nombre era Yolanda Saldívar.

5

LA MÚSICA TEJANA SE ENCONTRABA EN LA SANGRE DE Selena.

La música tex-mex que Selena estaba trayendo a la escena corriente de pop americano en el momento de su muerte tenía sus raíces en una música folklórica que puede ser trazado hasta más de 150 años. Esa forma de música se llama *conjunto* y hace parte del espíritu de los mejicanos-americanos tanto como lo hace la religión profundamente sentida y el idioma de base española.

Conjunto (que quiere decir entero) describe la combinación de los instrumentos usados para crear los sonidos únicos de la música de celebración.

Selena parecía poseer el espíritu de este sonido

desde que era niña. Los cuentos más viejos de sus cantos de niña están llenos de apreciación atemorizada de su voz y de su capacidad natural de darle vida a los sonidos.

La palabra conjunto también puede significar el que expresa un mensaje bello. La palabra también quiere decir "unido." Este es el significado que es probablemente más apropiado a la adaptación de Selena a esta forma de música.

De ver a la gente unida y aliada de amistad era una ambición definitiva en la vida de Selena. Decía a menudo que quería que su música reuniera a la gente, en la comunidad hispana y, luego en su carrera, también en otras comunidades étnicas americanas.

Mientras nadie ha sugerido que el nombre conjunto, cuando se aplica a las viejas formas de música, fue intentado de expresar el segundo significado de la palabra, el papel histórico que la música había interpretado en las vidas de la gente rinde este significado apropiado.

Hoy en día, popularmente llamada música tejana, esta forma tiene sus raíces en la original música tex-mex que ha sido tocada en Tejas y en el suroeste desde las viejas épocas del oeste de los colonistas alemanes y los vaqueros, y ha sido transmitido a través de las generaciones de conjuntos de familias musicales, como el Blue Grass en los Smokies y las baladas Cajun en el Bayou.

Manuel Peña, un étnomusicológo, ha estado estudiando las raíces de la música tejana y del conjunto tex-mex para muchos años. Dicho simplemente, el campo complicado en el cual Peña se especializa supone una investigación de la cultura étnica de una populación a través de una examinación profunda de su música.

El sonido del conjunto se originó en la zona geográfica que corre de Méjico norteño hasta Tejas

del sud, indicando aproximádamente la zona Big Bend de Tejas y el pie torcido de Tejas formado por el Río Grande. Sus límites pueden ser identificados por Brownsville, Matamoros (y alrededor de la curva de Golfo Costanero hasta Houston) hacía el este hasta El Paso, Juarez hacía el oeste. La vieja linea de la frontera norteña de popularidad de la música en los Estados Unidos se estableció entre Austin y San Antonio. Un terminus del sud para la música en Méjico estaba localizada aproximádamente en la zona de Monterrey.

La zona de Corpus Christi donde la familia de Selena, los Quintanilla, se ubicaron durante varias generaciones se encuentra en el corazón del area de la vieja música tejana. Corpus Christi está en el borde de la zona de Tejas del sud que se llama "el valle," y incluye la amplia región agricultural conocido para los cultivos de comida invernal y de fruta citrus. Fue esta disponibilidad de tierra agriculturalmente rica que representó la base de la economía que atrajo a las primeras poblaciones mejicanas hacía el norte en lo que se convirtiría en la República de Tejas, y luego en una parte de los Estados Unidos.

A los mejicanos-americanos de Tejas les gusta notar a sus compatriotas a los anglo-americanos tejanos que en realidad llegaron ellos primero.

De hecho, hasta los años 1920, nadie le prestó mucha atención a las fronteras imaginarias entre los Estados Unidos y Méjico del norte. Las crecientes temporadas para varios cultivos y la disponibilidad de trabajo tenía más que ver con la localización de la gente en un momento específico que unas lineas arbitrarias en un mapa.

Los antecedentes de Selena, los Quintanilla, vinieron del corazón de esta zona geográfica, y su herencia está saturada de la rica cultura y de las tradiciones de la gente. La familia Quintanilla podría

ser descrita como la familia americana clásica de herencia mejicana.

La familia Quintanilla ha vivido y trabajado en Tejas del sud para por lo menos cien años. El bisabuelo de Selena, Eulojio Quintanilla, nació en Méjico del norte en 1886 y vino a Tejas poco tiempo después. Su mujer y bisabuela de Selena, Doloris, nació en los Estados Unidos en 1892. Entonces la familia Quintanilla ha estado en Tejas para mucho más tiempo que la mayor parte de los recién llegados anglos.

Indudablemente, el bisabuelo y la bisabuela de Selena tuvieron influencias del mismo tipo de música que ella popularizó casi un siglo después. La música era una parte central de las vidas de la gente por lo menos igual si no más que en la mayor parte de las culturas americanas.

El instrumento principal en la música original era el acordeón que fue adoptado por los músicos de Méjico del norte en 1850 o 1860, hace más de 140 años.

Aunque el conjunto de Selena, *Los Dinos*, no siguieron usando el acordeón, el sonido de este instrumento fue copiado por el sintetizador electrónico y está presente en el fondo de varias obras de Selena.

El acordeón fue introducido a Méjico y a Tejas del sud por los inmigrantes de Europa, la mayor parte de ellos eran alemanes, polacos y czecoslovacos. Los czecoslovacos y los alemanes establecieron unas de las primeras colonias en Tejas en las zonas de Austin y de San Antonio. Una colonia bastante grande alemana-mejicana fue fundida cerca de Monterrey in Méjico del norte. Estos europeos del este usaban el acordeón como el instrumento básico para proveder la música para bailar el polka.

Los sonidos de alguna música tejana son semejan-

tes a los del polka europeo. Pero, la música tejana no es una rendición más de la música polka; y en cuanto acordeón fue adoptado por los primeros músicos mejicanos, un nuevo tipo de música se creó que pertenecía exclusivamente al pueblo mejicano de esta zona Tejas-Méjico.

Otros instrumentos también fueron incorporados dentro de los sonidos de la música del conjunto. La tambora del rancho, un pequeño tambor echo a mano con una cabeza de piel de cabra, ya era un instrumento importante en las vidas de los primeros residentes mejicanos y tejanos. La usaban para reunir a la gente durante eventos importantes. Cuando había que anunciar algo, o tenían que avisarle a la gente buenas o malas noticias, un tambor caminaba por el pueblo batiendo un ritmo en la tambora que estaba pegada a su cintura. Los aldeanos respondieron a la llamada presentándose en la plaza mayor. La tambora de rancho fue agregada a la mezcla de los primeros conjuntos tex-mex.

Eventualmente, un instrumento bajo de cuerda llamado el bajo sexto (una guitarra mejicana de doce cuerdas), que se dice fue inventado en Méjico del norte, se convirtió en otro de los más importantes instrumentos del conjunto. Otros tipos de instrumentos de cuerdas fueron incluídas cuando se hicieron obtenibles a precios razonables. Muchos diferentes instrumentos han sido usados a través del tiempo, como las trompetas de bronce y de lengüeta, para desarrollar el sonido tejano de hoy.

A través de la innovación de la electrónica, particularmente del sintetizador, la mayor parte de estos sonidos podían ser retenidos en la música que Selena estaba rindiendo popular. En las canciones de Selena se incluyeron las guitarras.

Pero fue el acordeón, considerado como instrumento del hombre de la clase obrera porque era

barato y suficientemente versatíl para proveder solo la música de danza y de concierto, que fue considerado la base de la música del conjunto.

La música tejana moderna de Selena también asimiló otros tipos de música latina y aún influencias de otras músicas étnicas. Pero ha retenido la base de la cultura tejana-mejicana y el sonido original del conjunto, usado en canciones de amores, lamentos, nanas o pop.

Conjunto es ante todo música de danza.

Suministraba el mismo tipo de salida para los hispanos, particularmente para la clase obrera, que los "blues" les dieron al comunidad africana-americana y que el "country" le daba a los blancos rurales del sud de Norte América. El músico tejano abiertamente reconoce la contribución de otros estilos y orgullosamente admite que la música de hoy se forma sobre la base del conjunto, de la misma manera que la música de rock moderna se formó sobre la base de "blues" y "country."

Mientras algunas canciones tejanas son tristes, y cuentan el cuento de amores perdidos, la música es predominantemente el sonido de una celebración. La música tejana incorpora a menudo elementos de pop, "country," rock, o "rap" con un polka animado y ritmos de cumbia. Las palabras son casi siempre en español, pero a veces usa palabras en inglés también. Por el hecho de que la música tejana cruza tantas fronteras geográficas, culturales y linguísticas, da gusto a escuchadores viejos y jóvenes de todas historiales étnicas.

Hasta un escuchador nuevo que no comprende el español puede apreciar la pasión del tejano. El cantante no deja preguntas sobre el contenido emocional del mensaje. Si la canción es triste, la tristeza resona profundamente en la música. Y cuando el cantante

cuenta una historia de felicidad, el sonido es uno de pura alegría.

La verdadera música tejana de hoy se remonta a los años 1900. Los mejicanos-americanos de Tejas del sud se reunían en estancias y en pueblitos para asistir a funciones que casi siempre incluían el baile que celebraban fiestas tradicionales, bodas, cumpleaños, u otros eventos.

Estos eventos eran de varios tipos, como los bailes de plataforma, unos bailes de fuera sobre plataformas de madera, o bailes de regala que se llamaban así porque los hombres les ofrecían a las mujeres un regalo en cambio de un baile.

Los bailes de regalo eran los preferidos de la gente. Los regalos eran a menudo en forma de dulces o fruta que era comprada de los vendedores quienes montaban carritos o estandes a lo largo de la zona de bailes. De vez en cuando los conjuntos paraban de tocar y tocaban unas ciertas cuerdas que indicaban que era hora de comprar un regalo. El regalito se presentaba a la madre de la chica a quien le iban a pedir la próxima ronda de bailes. Peña ha descubierto que las madres de las hijas más hermosas podían esperarse suficientes regalos de dulces o fruta en un baile para darle de comer postres a su familia para varias semanas después del baile.

Las funciones basadas sobre la música llegaron a unos lugares soleados en las vidas de la gente, que aparte de eso eran duras. Entonces el amor profundo de la música, que representaba los mejores tiempos, fue infundido en la gente americana-hispana de Tejas y el suroeste de los Estados Unidos. La vida social se desarolló alrededor de estas asambleas y entonces eran basadas sobre la música.

De los años 1950 hasta los años 1970, los conjuntos tejanos introdujeron otros estilos de música, incluso

la orquesta con trompetas y sintetizadores y la onda chicana que combina el rock con otros estilos de música mejicana. *Little Joe y La Familia* de Temple y *Sunny Ozuna y The Sunliners* de San Antonio ayudaron a extender la música mejicana-americana más allá de las fronteras de Tejas y dentro de otras zonas del país.

En su estudio importante, *The Texas-Mexican Conjunto: History of a Working Class Music,* Peña escribe que *conjunto,* orquesta y otros estilos de música mejicana-americana combinan las influencias musicales de Méjico y de los Estados Unidos en un "sintetizamiento de la experiencia cultural," un proceso que los mejicanos-americanos conocen bien.

En 1980, el educador Rudy Trevino y el conductor Gilbert Excobedo de San Antonio pretendían popularizar la música mejicana-americana del estado. Su empresa fue un gran succeso y resultó en la creación de un programa de premios en San Antonio. Varios nombres fueron considerados antes de que decidieron con los Tejano Music Awards. El programa de premios, que ha tomado mucha importancia a la música, es reconocido por la concretización del nombre tejano a la música. A propósito del nombre, Trevino dijo, "Me pareció lo más apropiado porque a los tejanos de herencia mejicana se les dicen tejanos."

Antes de los años 1980, hubo un breve periodo en torno de la época de la Segunda Guerra Múndial cuando las grandes empresas de grabación de musica se lanzaron a la comercialización de la música tex-mex y produjeron algunos discos para consumo regional. Ese primer esfuerzo se apagó después de la guerra.

No fue hasta los años 1980 que las empresas de disco más poderosas reconocieron la popularidad de los artistas tejanos y empezaron a contratar más entre

ellos. Pero a través de la decada, las ventas en dólares de los discos rebotaban abajo del nivel de diez millones de dólares.

Los grandes saltos en la popularidad de la música tejana, y las subsiguientes ventas de discos, llegaron en los tardes años 1980 y en los principios del 1990.

Selena estaba en el corte de esta revolución musical y, de hecho, era uno de los líders incontestables de este movimiento. Podía facilmente reclamar el título de la Reina de la Música Tejana.

Ella conservaba vivas a queridas tradiciones para las generaciones jóvenes. Para esa razón misma sus mayores también la querían aunque su música pudiera haber sido un poco demasiado animada y sus trajes y bailes aun demasiados picantes. Pero ese sabor moderno captó la atención de los jóvenes y los trajo a las raíces de la cultura.

La música estaba en los corazones de sus admiradores a través de sus canciones. A través de su talento y de su carisma, tenía el potencial más grande para usar la música tejana para conectar con la gente en parentesco y en amistad.

6

Se usa la palabra "onda" para describir una de las formas populares de música latina.

La música de Selena tiene sus raíces en el pasado, pero la joven cantante brillante trajo la música tejana

clamorosa en el presente. Representaba una parte tan grande de la ola gigantesca tejana que una de las tormentas que se llegó volando a las afueras del Golfo Costanero cerca de su casa en Corpus Christi pudiese haber sido nombrada Huracán Selena.

La música que se llama tejana es a la vez vieja y nueva. De un lado del espectro, hay un tejano vaquero de sabor polka con un sonido "country." Del otro, hay el tipo de sonido del cual Selena era conocida, una música orientada en la dirección del "pop" y del "dance-mix" con un sabor internacional. Los admiradores dicen que te da ganas de bailar. Los expertos dicen que el tejano es la industria de música que está creciendo más rápidamente.

El crecimiento en los años recientes de la popularidad del tejano está paralelo al éxito de Selena. Y su popularidad ha ayudado a otros músicos tejanos en la industria.

Según Joe Trevino de la etiqueta Arista/Texas basada en Austin, el año 1995 indicará el sexto año consecutivo de crecimiento que bale los récords de ventas de la música tejana. Los ingresos de la música tejana prometen ser tan altos como 24 millones de dólares en ventas al por mayor, una subida de los 2 o 3 millones de dólares en los años 1980.

Selena es claramente el líder en el número de discos tejanos vendidos. Se han vendido más de 400,000 unidades de su album del 1994, *Amor Prohibido,* en el momento de su muerte. "La Mafia es el siguiente más grande vendedor, y Emilio Navaira es probablemente tercero con alrededor de 200,000 copias," dijo Trevino. "El resto del campo han vendido 100,000 o menos."

La mayor parte del éxito en el tejano y otra música latina, como la subida súbita al estrellato de Selena, puede ser explicada por la exposición enorme que

posibilitó la expansión de la televisión y la radio hispano-parlante.

En 1976, habían sesenta y siete estaciones de radio hispano-parlantes en los Estados Unidos. Ahora hay 311, más tres redes de televisión hispano-parlantes y 350 diarios en español.

Muchas de estas estaciones se han convertido exclusivamente al formato tejano o han agregado artistas tejanos a sus listas de canciones que difunden. Las estaciones tejanas presentan su programación bilingüe en una corriente fácil suave de español e inglés que refleja el estilo de hablar de muchos mejicanos-tejanos. En cuanto se mezclan los dos idiomas, los disc jockeys tejanos cubren los temas corrientes como el Super Bowl, los grandes éxitos cinematográficos, y la televisión.

Esta expansión fenomenal de la comunicación en los años recientes también ha tenido una gran influencia en la popularización de la música tejana fuera de los Estados Unidos porque muchos de los programas son sindicados para emisiones en América Latina o del Sud.

De la media docena de conjuntos tejanos que han viajado a través de Méjico en los años recientes, Selena conquistó el mercado más rapidamente, alcanzando un nivel de estrellenato en menos de seis meses en 1993.

Johnny Canales, que ha tenido una gran influencia en el introducir de muchos cantantes latinos y específicamente tejanos, fue el primero a llevar el acto de Selena a Méjico.

"Aunque empezó en los Estados Unidos, estaba prendiendo fuego en Méjico y en las Américas del Sud y Central," dijo.

Canales dijo que unos de los secretos para su éxito era su encanto amplio. "Muchos conjuntos sirven a

un grupo específico, la gente que trabaja en los campos, o las clases más altas."

Pero Selena era una cantante para toda la gente.

"Los chicos de las escuelas segundarias y de las universidades la amaban. Los médicos, los dentistas, las personas educadas en Harvard o Yale, todos la querían tanto como los que cogían tomates o naranjas. Eso era el 'crossover' que tenía," dijo Canales.

Después de haber grabado para varias otras empresas, Selena firmó un contrato con Capitol/EMI Latino en 1990. En esa época, su público era respectable. Sus grabaciones, con sus representaciones en radio y televisión hispano-parlantes, inmediatamente subió el número de participantes en cualquier evento donde aparecía hasta que llegó al nivel de "sold-out." Durante los últimos pocos años, había aparecido en conciertos en los Estados Unidos y en Méjico que regularmente atrajo multitudines de más de sesenta mil personas.

Su primera verdadera oportunidad vinó en 1986, cuando ganó el Tejano Music Award para cantante principal hembra y para artista del año, empezando una cadena de premios TMI anuales. Se llevó todos los premios en los últimos Tejano Music Awards, ganando los honores de album, de grabación, de cantante principal hembra, de artista hembra, y de tejano crossover. Estos premios son patronizados por el Texas Talent Musicians Association y son seleccionados por ballot de la industria. La competición también sirve por promover la distinción de San Antonio como "La Capital Mundial de Música Tejana."

Su album de 1992, *Entre a Mi Mundo,* señaló su aceptación al lado "pop" de la industria de música latina.

En 1994, su album, *Selena Live,* le consiguió un premio Grammy para el mejor disco mejicano-americano. Con este premio para su primer album en vivo, todas las estaciones de radio latinas, no solamente las estaciones tejanas, empezaron a tomarla en serio.

Estableció el récord de asitencia en el Astrodome cuando 61,000 de admiradores fueron a su concierto con otra estrella tejana, Emilio Navaira, en el Houston Livestock Show and Rodeo en 1995.

Pero aunque tenía todo este estrellato, Canales dijo, "No la afectaba para nada. Esta chica era la misma desde el primer día que la conocí hasta que la ví por última vez. Trató a la gente igual después de que se puso famosa."

Su album más reciente, *Amor Prohibido,* que muchos consideran el mejor fue nominado para un Grammy en 1995.

En el momento de su muerte, *Amor Prohibido* era el disco tejano maś vendido, con 400,000 copias ya vendidas, era el claro líderen el número de discos vendidos de esta categoria. Los expertos de la música tejana predicen que ahora este album va a vender más de un millón de copias y que se convirtirá en el primer disco platino en la historia de este género.

Una semana después de su muerte, Selena tenía cuatro de los seis albums más vendidos en la lista de cincuenta latina de *Billboard:*

Amor Prohibido era el número uno; la semana después de su muerte se vendieron 12,000 copias solamente en los Estados Unidos. La semana anterior se habian vendido 1,700. El album número tres era *Selena Live,* el número cuatro *Entre a Mi Mundo,* y el disco número seis era *12 Super Éxitos.*

Consiguió su segunda nominación Grammy en 1995 cuando *Amor Prohibido* fue nominado para

mejor grabación mejicana-americana en 1995 pero perdió el premio a Vicki Carr. Las ceremonias de los Grammy de 1995 fueron en Los Angeles pocas semanas antes de su muerte.

Tomó la perdida con su estilo típico alegre.

"Después de los premios, nos estabamos congratulando en el vestíbulo y se me acercó y me dió un beso y un abrazo," se acuerda Joe Trevino. "Nuestra etiqueta Arista/Texas tenía un candidato también, pero ninguno de los dos ganamos. Allí estaba, y no había ganado nada después de haber ganado el Grammy el año pasado, y estabe igual, alegre, llena de vida."

A través su vida, Selena mantuvo su identidad de niñita brillante. Ganando o perdiendo, durante tiempos buenos o malos, según la gente que la conocía, Selena estaba simplemente feliz de vivir la vida.

Trevino era un viejo amigo de Selena que la había concocido por primera vez cuando su carrera estaba por largarse. Su familia era dueña de una boite en San Antonio que se lamaba Reflex, que tenía mucho lugar para bailar y con una capacidad de sentar a 1,500 personas. Reflex era unos de los primeros clubs tejanos que empezó a contractar talento en vivo y Selena fue unos de los primeros actos reservados. Tenía diez y ocho años cuando *Selena y Los Dinos* tocó en el club.

"Estaba comenzando a desarollarse en tal que artista," dijo Trevino. "Ya de adolescente tenía una presencia impresionante en la escena. Después de su primera representación en nuestro club, cada vez que cantó, los públicos crecían y crecían. Todos sabían que era una estrella creciente."

Selena empezó en la etiqueta Manny Guerra basada en San Antonio. Mientras por lo menos cinco

etiquetas diferentes han salido con complicaciones de su música, la mayor parte de su música desde 1989 ha sido estrenada por Capitol EMI/Latin, unas de las etiquetas tejanas más prominentes.

Una lista seleccionada de las grabaciones de Selena incluye las siguientes:

> *Alpha,* 1986
> *Dulce Amor,* 1988
> *Preciosa,* 1988
> *Selena y Los Dinos,* 1990
> *Ven Conmigo,* 1991
> *Entre a Mi Mundo,* 1992
> *Selena Live,* 1993
> *Amor Prohibido,* 1994

Aunque *Amor Prohibido* no ganó el Grammy, la canción titular del album y tres otras canciones fueron muy exitosas. "Amor Prohibido," "Bidi Bidi Bom Bom," "No Me Queda Más," y "Fotos y Recuerdos" (una versión en español de la canción de los Pretenders, "Back on the Chain Gang") todos dominaron el la radio. Todos alcanzaron el cinco más vendido de la lista de singles latinas. "Fotos y Recuerdos" que fue número cuatro en la lista el 31 de marzo, 1995, subió al primer lugar una semana después de la muerte de Selena.

Trevino dijo, "Yo estoy seguro de que su album más reciente va a vender más de un millón de copias. Yo diría que *Amor Prohibido* va a ser el primer album platino en la música tejana." (En el mundo de "pop" y de "country," los discos de oro valen 500,000 unidades; los discos platinos valen un millón. El album había ya alcanzado el nivel quadruple platino en las listas latinas.)

Cuando Selena se murió estaba posicionada para

una aceptación más corriente. En diciembre de 1993 había firmado un contrato de grabación de "pop" con SBK Records, la empresa parent de EMI/Latin y su primer album en inglés tenía que salir en 1995. Tres o cuatro canciones ya habían estado grabadas. Se dice que este album hubiera establecido a Selena como estrella internacional de "dance-pop," compartiendo las mismas audiencias corrientes con Madonna, Janet Jackson, y Gloria Estefan.

Steve Sagik, el comprador de música "country" y tejana para un Tower Records cerca de la Universidad de Tejas en Austin dijo que las comparaciones eran agudas.

"Estaba por transformarse al tejano lo que Gloria Estefan fue al cubano, en tal de traer la música a la corriente," dijo Sagik. "Y eso es porque es una tragedia tan grande, personalmente y para la música, justo cuando el tejano está explotando.

"De todos los cantantes tejanos, Selena tenía la visibilidad más alta. Había penetrado el mercado internacional de "pop," y con sus planes de grabar un album en inglés, estaba a punto de convertirse en un nombre corriente."

Como tantos otros que lloraban la perdida, Sagik empezó a hablar de su música y terminó por hablar de la persona que era.

"Tenía una presencia y una energía espectaculares en la escena, y era muy hermosa," dijo. "Pero también radiaba de bondad interior y de amabilidad, era una buena persona. Se oye a menudo que las estrellas son mal educadas con sus admiradores, pero jámas he oído eso."

Durante una larga entrevista, seis meses antes de su muerte, Selena le contó a Ramiro Burr que se sentía "ansiosa" y casi "intimidada" por su contrato "pop."

Ramiro Burr es conocido en la industria como el

"chronicler de la música tejana," y había entrevistado a Selena y escrito sobre ella más que culaquier otro jornalista. Burr es es escritor principal de este tipo de música para *Billboard,* y era la fuente de la documentación de la carrera de Selena para la mayor parte de los jornalistas que trataron el tema de su muerte.

A propósito de su "crossover" a la corriente, Selena le dijo a Burr, "Estoy nerviosa porque esto es algo nuevo. Me he ocupado de música tejana toda mi vida, pero según se dice, el mercado inglés es muy diferente. Tengo miedo porque no se que me espera."

Pero, como siempre, era optimista.

"Estoy contenta de que me han dado la oportunidad," dijo. "Siempre he creído en el dicho, 'Lo bueno llega al que espera.' Entonces estamos esperando con paciencia.

"Estoy seguro de que todo se arreglará."

7

SELENA ERA UNA MUJER MISTERIOSA:

Todos la conocían y la querían; nadie habia oído su nombre.
Era tan brillante como una galaxia de estrellas; era invisible.
Era una chica amable común y corriente; era una ardiente atormentadora sexual.
Era el futuro; era una reliquia del pasado.

¿Quién era la verdadera Selena Quintanilla Pérez?

La respuesta es que era todas estas cosas y aún más todavía. Su vida era una panoplia de incongruencias que produjeron todos los tiempos y lugares en que vivió y trabajó.

Estaba estableciendo un reputación en la industria de música americana pero hasta allí su imagen era marginal. Los cuentos sobre Selena, como las de otras estrellas de la música tejana, eran por la mayor parte limitadas al simbolo de la industria, las especiales ediciones latinas de una vez al año. *Billboard* había mencionado a la cantante tejana en cada una de sus ediciones especiales en los últimos tres años antes de su muerte.

Selena no hubiera estado más cubierta de oscuridad. Aún si su muerte no la hubiese traido a la luz fuerte de la atención macabra nacional, su puro poder de artista y de personaje la hubiesen transformada en un nombre corriente en las calles principales de Norte América como ya lo era en los barrios.

Recientemente, Selena estaba tomando sus primeros pasos grandes hacía una atención corriente en algunas publicaciones de su Tejas natal. La edición de la revista *Texas Highways* de noviembre 1994 le dió un reconocimiento importante en el artículo titulado "Tejano Fever" (Fiebre tejana).

Reporteros para el *Houston Chronicle* y el *San Antonio Express News* se dieron cuenta. Algunas otras revistas y unos diarios de "cerca de casa" tejanos empezaron a transformar a Selena en noticias.

Notablemente, *Texas Monthly,* el diario de los eventos del estado "Lone Star," y que está ampliamente difundido, provedió otro heraldo de lo que vendría. La revista introdujo a Selena a la "sociedad" de Tejas seis meses antes de su muerte. En

septiembre, 1994, la revista publicó su primer Edición Especial que presentaba a "veinte tejanos a quienes tienes que conocer." Los individuos fueron elejidos como "fuerzas centrales en sus campos respectivos" a causa de sus talentos, porque hicieron algo importante ese año, o porque eran "fuerzas dominantes" en el estado del estado. Los hororarios del primer año se llamaron el "Dream Team de Veinte Tejanos Fascinadores" e incluyó tales notables como Hakeem Olajuwon, Ross Perot, Jr., y Aaron Spelling. Habían diez y siete hombres y tres mujeres, y una entre ellas fue Selena.

Esta perfil inteligente de Selena, escrita por Joe Nick Patoski, dió a los lectores corrientes una primera vista profunda de la vida increíble de la colega tejana. Pedazos del artículo de Patoski fueron usados por la prensa internacional depués de la trágica muerte en Corpus Christi porque el artículo era unos de las mejores fuentes disponibles de información sobre Selena.

Selena ya era famosa en los círculos de música latina; y la música corriente había empezado a prestarle atención, gracias a Ramiro Burr. Burr desde hace años había batido el tambor de la música tejana, y de Selena en particular, en un esfuerzo de mostrarle al mundo qué era lo que estaba por llegar.

Han escrito volumenes sobre la cantante en la prensa hispano-parlante, en los Estados Unidos e internacionalmente. Pero a fuera de los profetas jornalísticos basados en Tejas, la fama de Selena era más o menos un secreto en los círculos de la prensa inglés.

El artículo presciente de Patoski en el *Texas Monthly* empezó, "Mientras muchos expertas de la industria laudan al tejano como la próxima onda en la música "pop," su futuro inmediato depende de las

fortunas de una mujer imponente de veinte y tres años llamada Selena Quintanilla Pérez."

Mientras la artista ganaba reconocimiento, su imagen surgiente era un estudio de contradicciones.

Su familia seguía interpretando un papel central en su subida rápida hacía el estrellato, y pudo mantener una vida privada sin escándalos. Se quedó cerca de su hogar, de sus padres, de sus hermanos hasta después de haberse casado con el bajo guitarrista del conjunto, Chris Pérez. La familia íntima vivían como vecinos en su viejo barrio de Molina en Corpus Christi.

Su padre, Abraham, se quedó con el conjunto interpretando el papel de gerente principal. Mientras su conjunto creció a ocho miembros, su familia permaneció al centro del grupo. Su hermana Suzette todavía tocaba el tambor; y su hermano Abe III (A.B.) escribió muchas canciones para el conjunto. La madre de Selena, tomó el papel tradicional de las madres españolas, viajando como compañera de su familia. Mientras se referían a ella como la "aconsejadora espiritual," del conjunto, varios músicos tejanos advivinaron que en realidad estaba actuando de chaperón de Selena.

Pero, la "verdadera" Selena, vestida de jeans casuales y de blusas, usando un poco o nada de rojo labial, y con las calidades de una chica común y corriente que causó la admiración de sus vecinos y que causó su popularidad con los mayores hispanos, desapareció en la puerta de la escena.

En la escena, Selena era la sabrosa y sexy estrella de "pop" que enloqueció a los machos en sus audiencias durante sus representaciones. El maquillaje pesado hacía conjunto con los corpiños, los pantalones apretadísimos, y los tacones claveteados.

Su foto en el artículo de *Texas Monthly* que la nombró como uno de los tejanos para ver, les dió

mucho para ver a los lectores. En la foto, Selena está posturada contra un fondo de cortinas de terciopelo rojo, parada en un piso de baile a cuadros blancos y negros. En una posición que es desafiante y seductora a la vez, tiene una mano en su cadera derecha, que está saliendo hacía delante y una expresión provocadora en sus labios muy pintados. Está vestida de negro, su corpiño a lentejuelas acentuado solo por un punto de rojo con una rosa pequeñita en su pecho. Sus pantalones, que parecen pintados, estan metidos dentro de sus botas de charol largas hasta sus rodillas, y su cintura está rodeada de un cinturón amplio que le hace conjunto. Rematando el conjunto provocador es una gorra de moto, adornada con una trenza de oro que brilla como sus aretes en arcos colgantes.

Hasta la foto fue una representación.

Una imagen vivida del contrasto entre la chica del barrio y la sirena sexy de la escena fue pintada por Patoski en su artículo en *Texas Monthly*. Describió a Selena, que llegó con su familia en el autobús del conjunto, como la "encarnación de una buena niña."

El escritor vió una "belleza natural tan beatífico como la Madonna original."

Pocos minutos después, Patoski, el crítico de música, vió una persona diferente subir a la escena: ". . . es la otra Madonna que nos recuerda, bailando adelante del conjunto con una blusa sin espalda y pantalones apretados, agitando a los machos en la mulitiud cuando les tira un par de calsones."

Todos los que conocían a la familia, sabían que el padre, Abraham, odiaba los trajes de la industria. Pero para Selena eran solamente eso, disfrazes. Los testimonios de sus colegas del conjunto tejano y de los clientes de la boite eran uniformemente complimentarios de su comportamiento privado.

Selena era Selena.

8

Un Porsche Carrera rojo estaba estacionado en el camino de entrada de la casa de clase media en la zona Molina de Corpus Christi, Tejas.

El alrededor del barrio era generalmente pobre, y la casa moderna de ladrillos se encontraba a un nivel más alto que las residencias cercanas. Los automóviles estacionados en las otras avenidas y a lo largo de las calles eran variados, habían camiones, la gran cosecha de los sedanes de los 1960 convertidas en "low-riders," y coches de familia a medio precio. Entonces el Porsche era un gran salto encima de los "Gonzalez."

El barrio, la casa, y el automóvil pertenecían a Selena. El coche, todavía estacionado allí después de su muerte, era el único seño de que una persona rica había vivido allí.

La escena muestra claramente el cuento de Cenicienta de Selena. Su rápida subida hacía el estrellato y hacía el éxito financierio fue causada en gran parte por sus propios talentos y su ambición, con mucha ayuda de Abraham Quintanilla y el resto de la familia.

En 1994, la revista *Hispanic Business* le nombró a Selena como el número diez y ocho en una lista de los veinte más ricos artistas hispanos. Se decía que su

riqueza personal era de más o menos cinco millones de dólares, no tan grandioso cuando se lo compara al lado de las estrellas que piden solamente eso para una sola película. Pero es una suma muy extraordinaria para el conjunto de una familia tex-mex que, hasta hace poco, viajaba, ida y vuelta de las representaciones de una sola noche, en un colectivo convertido.

Selena y Los Dinos, su conjunto tejano dedicado a la familia, se hizo en el catalista para las otras empresas crescientes. El éxito financierio repentino en los finales del año 1991 rapidamente expandió a los límites los recursos de gerencia disponibles a la familia Quintanilla. Un Abraham Quintanilla, cada vez más asediado, el padre que se había transformado en el creador de estrellas, y seguía interpretando muchos papeles, y todos en la familia trataron de ayudar.

En un sentido para negocios, los bienes nuevamente encontrados crearon un caos de gerencia que pudiera haber sido comparado al convertir una tiendita privada en una sociedad anónima en la bolsa.

Selena quien le había dicho a una amistad familial que no quería acostumbrarse a la buena vida tenía miedo de que se acabaría, también intentó de dirigir sus propios asuntos personalmente.

Dentro de un periodo de cuatro años, de 1991 hasta 1995, Selena no solamente era una estrella cantante, pero también una mujer de negocios bastante exitosa. Se encontró subitamente en el gran negocio de la música con una media docena de actividades y empresas marginales y provechosas. La familia, mientras necesitaba más ayuda en el area de papeleo, todavía trataba de quedarse coinvueltos en todos los aspectos de los manejos de Selena.

Un examen de los varios elementos del negocio que

hacían parte de la fortuna inmediata de Selena reveló la nueva complejidad de la vida cotidiana de la família Quintanilla.

La popularidad de Selena en el mundo de la música produjo oportunidades de negocio que los Quintanilla hubieran podido solamente considerar en tal que un sueño antes de 1991. Casi de un día a otro, hubieron discos más populares, conciertos y representaciones en boite, respaldos de productos, boutiques prometedoras, y admiradores clamorando para un club, todos necesitando atención y manejo.

Cualquiera de estos proyectos hubiera requerido los talentos de un segundo comandante bastante capaz. Pero la familia llevaba tanto tiempo acostumbrada a hacer todo para si mismos, que los costaba mucho dejar entrar a la gente de afuera en sus asuntos, hasta cuando necesitaban ayuda.

Manteniendo todos los nuevos proyectos marginales iba a ser una empresa complicada. En las inmediatas secuelas de su muerte, la empresa de grabación de Selena, Capitol EMI/Latin de San Antonio no provedió ninguna información sobre sus negocios; distribuyeron una comunicación biográfica de una página, publicada en español.

Su agencia de promociones, Rogers & Cowan en Los Angeles, fue incapaz de devolver la mayor parte de la llamadas que pedían información. Un publicista de la agencia dijo que se habían recibido más de quinientas pedidas de parte de la prensa a propósito de Selena en los primeros días después de su muerte.

Fue casi imposible de establecer una perspectiva comprensiva del papel que interpretaron los negocios en el éxito rápido de Selena con toda la confusión y la angustia que siguió al asesinato. Era posible captar un cierto sentido del panorama financierio y de la popularidad de las grabaciones de Selena cuando se

leía un análisis de unos reportajes de la industria musical.

Pero, es difícil conseguir números agudos, hasta los de las ventas de discos. Según un portavoz de la industria, la mayoría de la música tejana no se compra en las tiendas más grandes, entonces es difícil de controlarla.

Un gran número de grabaciones se venden en pequeños negocios "independientes" o del barrio que a menudo no venden discos, cassettes y vidéos. Un número todavía más importante de ventas en este medio músico se costruye en los grandes mercados al aire libre que se encuentran en el sueoeste de los Estados Unidos.

Estos mercados de bartijas han crecido tanto que se convirtieron en una gran parte de la imagen de venta al por menor de las comunidades mejicanas-americanas en los últimos años. Están abiertos los fines de semana, y es común ver a conjuntos tejanos ambulantes junto a una mercancía variada oferta por individuos empresarios y por pequeños negocios.

Pero está claro que los discos de Selena tuvieron mucho éxito financierio y en la aprobación de sus admiradores.

Steve Sagik, el comprador de música tejana y "country" de Tower Records en Austin, dijo que las canciones de Selena tenían la visibilidad más alta de cualquier cantante latino con la exepción de Gloria Estefan.

"El tejano está explotando," dijo Sagik, y dijo que se debia la popularidad a las canciones de Selena.

El mercado mejicano-americano es uno de los más fuertes en América, no solamente a causa de la música, pero también a causa del hecho que los hispanos representan el segmento con el crecimiento más grande de la población estadounidense. Entre el

año 2000 y el año 2010, los hipanos se convirtirán en el grupo étnico más grande.

Antes de su muerte, las ventas de los discos de Selena ya eran notables. Era la primera artista tejana que llegó a ser parte de la lista de los doscientos discos latinos de mayor venta de todos tiempos de *Billboard*. Su disco "Fotos y Recuerdos," estaba entre los diez de la lista latina la semana que se murió. *Amor Prohibido* fue el primer album tejano que se acercó a un número de ventas de un medio millón.

En mayo 1994, James E. García del *Austin American-Statesman* entrevistó a Selena sobre el tema de su subida meteórica hacía la fama y la fortuna.

Garcia reportó su impresión que dentro de poco Selena se cansaría de ser comparada a otras estrellas como Gloria Estefan. A Selena siempre la describían en términos de lo que iba a ser: "la próxima Madonna" o la próxima.

"Las ventas de los discos tejanos estan subiendo rápidamente internacionalmente y *Selena y Los Dinos* se encuentran adelante del grupo," escribió García. La ascendencia de Selena podría hacernos acordar de la de otros en la industria, pero ya se había convertido en un éxito por sí misma.

Después de una larga discusión con la estrella que se centró en su fama, pero que también mencionó sus intereses de negocio, García concluyó que algun día las autoridades de música "pop" dirían de otros cantantes crecientes, "¡Es la próxima Selena!"

Representaciones en boite y en eventos isolados constituyeron los primeros ingresos para *Selena y Los Dinos*. Mientras su fama crecía, la demanda para sus aparencias personales se sumentó, y el dinero creció proporcionalmente.

Selena tenía una personalidad muy poderosa en le escena y se interesó en las aparencias personales. En

1990, sus audiencias, generalmente en boite o en funciones especiales de cultura hispana, formaban unas cientas o miles. Pero después del debut del album *Ven Conmigo* en 1991, atraía a públicos de concierto en los Estados Unidos y en Méjico de más de 60,000 personas.

Los admiradores consiguieron lo que querían cuando Selena cantaba, sea en pleno concierto o sea en el cabaret más pequeño. Durante una representación en el Alamodome de San Antonio el 6 de junio 1993, compartió el estrellato con Emilio Navaira y con *Joe Lopez y Grupo Mazz*.

La cosa extraordinaria de esa representación y de las que seguirían era el aspecto de maratón del espectáculo. Los tres conjuntos tejanos ofrecieron a sus admiradores diez horas de entretenimiento en vivo. El precio del bóleto era razonable, doce dólares y cincuenta centavos incluyendo un pase hacía el piso de baile, nueve cincuenta o seis dólares. Mucha música, mucho baile para un precio buenísimo.

Una aparencia de parte de Selena era casi una garantía para un cuarto lleno, entonces era bien solicitada en los circuitos de boite y de eventos especiales. La razón era simple, el público la amaba.

Aun después de haber ganado el estrellato, nunca les dió menos a su público. El enero pasado, Selena tenía un concierto en el Tejano Rodeo en la zona de Dallas/Fort Worth. Su avión se retrazó a cause de una tormenta de nieve en Colorado y llegó dos horas tarde. Pero cuando llegó a las diez de la noche para su concierto de las ocho, los admiradores que la esperaban fueron ampliamente recompensados.

Selena se disculpó profusamente de haber llegado tarde aunque no era algo bajo su control. Procedió por cantar y bailar para toda la noche. Un participante dijo, "Nadie se fue."

"Por esa misma razón la adorábamos a Selena," dijo Phillip Mireles, de trenta y un años, de Fort Worth. "Así era ella. No era culpa suya que el avión se retrazó en la tormenta. La mayor parte de los artistas hubieran llamado a cancelar. Pero no Selena. Puedes estar seguro que cuando vinó cerca de Dallas o Fort Worth, la fuímos a ver con mi mujer."

Los respaldos de productos comerciales eran otra fuente de grandes y nuevos ingresos para la organización de Selena. La imagen saludable de familia y su estilo de tener vida ejemplar, combinado con su categoría de estrella le abrieron la puerta a un mundo lucrativo de respaldos de productos.

Después de algunos problemas con la imagen de ciertas estrellas en los últimos años, la imagen pura de Selena representaba una potencial mina de oro a los cínicos ejecutivos de publicidad. Ya había empezado a capitalizar sobre esta ventaja. Tenía un contrato para un túr promocional con Coca-Cola y otras empresas querían acompañarla en su rápida subida. En 1994, dicen que firmó un contrato de seis figuras con Dep Corporation para promover productos de cabello; AT&T y Southwestern Bell también la habían contratado para hacer trabajos promocionales.

La cantante que sabía mucho sobre la moda dirigió su pasión personal por el estilo hacía una empresa más cuando creó Selena Etc. Inc. La compañía abrió un negocio que combinaba un salón de belleza y una boutique de ropa en su ciudad natal de Corpus Christi en 1994 y la segunda en San Antonio a los primeros de 1995.

Además de vender la línea de modas y de joyas firmadas por Selena, las tiendas tenían salones de belleza que ofrecían servicios de cabello y de manicuras. Contrataron a un diseñador de treinta años, Martín Gomez, para que ayudará a creer las

líneas de moda que se vendían bajo el nombre *Martín Gomez Designs for Selena.*

Aunque su calendario de conciertos era cansador, Selena se quedó coinvuelta en su empresa. Un amiga quien asistió a un desfile de moda le comentó a los familiares que le parecía que Selena estaba trabajando demasiado. Le dijieron que Selena se iba inmediatamente después del gran evento de moda a un concierto.

El reportero de Austin, James García, también habló con Selena en 1994 a propósito de la boutique.

Le dijo al escritor que cuando no estaba cantando, pasaba sus horas manejando el salon y la boutique en Corpus Christi.

"Tengo que estar siempre ocupada," dijo Selena a García. "Entonces paso mi día haciendo cosas normales, como pagando las cuentas o pidiendo provisiones. Es lo que hago para relajarme."

Siempre la empresaria, Selena procuraba clientes entre los músicos tejanos para su negocio de diseños cuando estaba viajando. Les ofrecía diseñar trajes únicos para los conjuntos a través de su tienda de ropa.

Aunque las boutiques eran una empresa bastante nueva para Selena, llevaba mucho tiempo mostrando interés en ser actor. Con su atractivo sexual, su magnetísmo personal y su presencia en la escena, está claro porque le interesaba a Selena expandir sus oportunidades de espectáculo más allá de los límites de cantar y bailar.

Su primer representación fue en la televisión hispano-parlante durante sus primeros años de adolescencia, y aparecía bastante seguido en espectáculos de variedades en emisiones españolas.

Apareció en los programas con los rangos más altos de Méjico, incluso *Siempre en Domingo* y apareció en la telenovela mejicana popular *Dos Mujeres, Un*

Camino. Mientras los ingresos no fueron grandes, la ayudaron a crecer sus audiencias en Méjico. Solamente les daban papeles a los cantantes de Méjico más populares en la telenovela tan popular.

Selena le había dicho a sus amigos que le hubiera gustado perseguir una carrera en el cine y acababa de entrar en la escena cinematográfica con un pequeño papel en su primera película, filmado en 1994. La comedia romántica, *Don Juan DeMarco,* le ofreció un papel pequeño, pero algunos en la industria lo vieron como un paso hacía otras posibilidades de cine y de vídeos, y un potencial para otra fuente de altos ingresos. En la película aperecen grandes estrellas como Marlon Brando, Faye Dunaway y Johnny Depp.

En una escena buenísima para recordarse de ella, Selena canta en un traje flamenco con un conjunto de mariachis y tiene un pequeño papel parlante en un café.

Un duet que grabó con David Byrne para el film fue eliminado de la versión final. Pero, un portavoz para la etiqueta de Byrne, Luaka Pop, dice que la canción podría aparecer en el disco de otro film que saldrá en agosto 1995.

Ironicamente, *Don Juan DeMarco* fue estrenado nacionalmente con buenas críticas unos días después de su muerte. Garrett Glaser de NBC-TV Los Angeles, lo llamó, "simplemente la película más dulce, más a favor de la vida que ha llegado en muchos años." El día del estreno había sido planeado mucho antes de la tragedia del 31 de marzo 1995.

El principio de 1995 encontró a Selena al borde del estrellato internacional y entrando al enrarecido mundo de mucho dinero también. Pero, el dinero no parecía cambiar a la estrella emergente y a la mujer de negocios.

Selena todavía tenía tiempo para dar a otra gente, sobre todo a los jóvenes.

9

GLORIA LOPEZ PACIENTEMENTE METIÓ A 171 TASAS DE café de plástico en los eslabones de la cadena de la valla que corría a lo largo de la calle adelante de su casa modesta.

Cuando terminó su trabajo, y ajustó las tasas para asegurarse que las filas que formaban las letras estaban bien derechas, llamó a una amiga para que vea su obra.

La otra muchacha admiró su trabajo y pronunció las palabras correctamente.

Las palabras decían, "¡Selena Vive!"

Gloria tiene once años y era la vecina de la famosa cantante tejana que también era su amiga.

Selena caminaba casul amente cada día con sus vecinos en el distrito de Molina, un barrio pobre de Corpus Christi. Ella y su familia nada pretencíosa elijieron de quedarse a vivir allí con la gente que habían conocido antes de encontrar la fortuna.

Los niños del barrio, especialmente las jóvenes niñas, querían ser como Selena. Todos estos niños del distrito Molina eran unidos con los niños de todas partes de los Estados Unidos y Méjico que compartían la misma ambición.

Selena era para ellos no solamente una cantante famosa pero también una hermana mayor.

Cuando Selena les hablaba, sus palabras eran igual de fuertes de las que cantaba. Sus mensajes eran

claros pero poderosos: quédense en la escuela. No usen ni drogas ni alcohol. Tengan cuidado con el sexo.

Selena aparecía en escuelas en barrios predominantemente mejicanos-americanos alrededor de los Estados Unidos para llevar este mismo mensaje. Ella tuvo que dejar la escuela en el octavo grado cuando tuvo que viajar con *Selena y Los Dinos*. Terminó la escuela segundaria a través de un curso de correspondencia mientras estaban viajando.

Su mensaje era fuerte. Les dijo a los niños que podían aspirar de ser un cantante tejano, pero que tenían que obtener primero su educación.

Selena usó su estrellato para alcanzar a los jóvenes, mientras estaba en la escena o no. Días después de su muerte, la legislatura tejana pasó una resolución por unanimidad que honraba los acontecimientos de la estrella como ejemplario para los jóvenes del estado, incluso su trabajo educando a los hispanos de los peligros de las drogas y del SIDA.

El Senador Eddie Lucio (D–Brownsville) laudó a Selena para su apoyo en la campaña del estado para quedarse en la escuela ("Stay in School!").

Hablando en favor de la resolución, Lucio dijo, "En cuanto pasan los años, vamos a pensar de ella, y Selena será joven para la eternidad en los corazones y las almas de todos nosotros."

El Senador Carlos Truan (D–Corpus Christi) también laudó el mensaje de la cantante a los jóvenes de que se queden en la escuela y lejos de las drogas. Dijo que la profundidad de emoción que ella pudó crear fue demostrada por los que hablaron en el vigilio del viernes en Corpus Christi. "En toda mi vida nunca he testimoniado a tanta gente, tantos jóvenes que la idolaban."

El hecho de que el mensaje de Selena estaba realmente impactando en donde era más necesario fue refledado en las palabras de Nicole Cerda de diez

años, una estudiante del Washington Heights Elementary School en Fort Worth. Admitió que muchos de sus amigos adoraban a la cantante. La adoración era como el amor para una hermana cuando los niños hablaban de Selena.

Una amiga del sexto grado de Nicole estaba tan emocionada que se había quedado en casa, faltando a la escuela, desde que se enteró de la muerte de la cantante.

"Mi amiga la extraña muchísimo a Selena porque tuvo la oportunidad de conocerla y consiguió su autógrafo," dijo Nicole. "Se que está muy triste, pero le dijimos que tendría que ir a la escuela porque eso es lo que querría Selena."

Nicole explicó que Selena le hablaba directamente a los niños durante sus conciertos.

"Nos dijo de no tomar drogas y que seríamos mejores personas. No ir a la escuela hace personas malas," dijo Nicole.

Casi todos en Washington Heights Elementary School llevaban puestos moños violetas en honor de Selena.

¿Por qué violeta?

"Porque ese es el color preferido de Selena."

Una verdadera admiradora de la música de Selena, Nicole dijo que una de sus canciones preferidas era "Bidi Bidi Bom Bom."

"Estaba cantando para nuestro país," dijo Nicole en una vocecita con una suavecita influencia española en su pronuncia.

"Después de que se murió, cada vez que oía una cumbia, me ponia a llorar. Porque la quiero tanto. La adoró con todo mi corazón."

Nicole Cerda podría haber sido la portavoz para miles y miles de niños de la comunidad hispana porque, "Te quiero Selena," eran las palabras que se encontraban en los labios de niños como Nicole

durante entrevistas en la televisión, en la radio y en los diarios por todas partes de nuestra nación.

No eran solamente los jóvenes que querían a Selena por lo que representaba. Los adultos apoyaban la adoración de la bella y joven cantante de parte de sus hijos porque ella estaba ayudando a acercar a la juventud hispana a los principios morales encontrados en sus tradiciones.

Amalia Gonzalez de Radio KTNQ en Los Angeles, una de las disk jockeys hispano-parlantes más populares entre los angelenos jóvenes, dijo que el trabajo de Selena con los jóvenes hispanos-americanos no era exagerado. La cantante tenía la atención de los adolescentes también.

La estación de radio estableció un pequeño memorial para Selena en Hollywood and Vine, adelante de un negocio en donde generalmente distribuían materiales promocionales y otorgaron los premios ganados por los escuchadores. La tienda se llenó casi inmediatamente con gente simpática, un gran porcentaje de ellos adolescentes, quisiendo hacer cualquier cosa para exprimir la pena y aliviar su dolor.

"Teníamos un gran poster de Selena y velas, pero la gente vino día y noche. Estaban llorando y rezando y cantando sus canciones. Era muy emocionante y bello. Justo en la esquina de Hollywood and Vine," dijo Gonzalez.

"Su imagen es recordada especialmente por los niños que fueron tan afectados por su cuento," Gonzalez agregó. "Especialmente las niñas, querían ser buenas come ella."

Johnny Canales, presentador de su propio programa musical para jóvenes que es emitido a través del mundo hispano, también compartió su creencia que Selena era el ejemplo más importante para su gente.

"Selena iba a hablar en escuelas primarias y

segundarias y los niños la amaban," dijo Canales. "Si le preguntabas a una niña joven, cómo quién quieres ser, 'Reina algo' o 'Selena,' siempre contestaban Selena."

Canales dijo que su mensaje era consistente: "No hagan drogas, vivan bien, vayan a misa."

"Les dió a los jóvenes una meta. Les dió una ambición y los hizo sentir que, 'Si trabajo duro, puedo hacerlo,'" dijo Canales. "Porque en la comunidad hispana no tenemos tantas estrellas o héroes como los jugadores de futból y tal. Los jóvenes admiran a los artistas. Ella era la artista ideal para que nuestra juventud se modelaran detrás de su modelo."

Estos comentos no vinieron de un kit promocional. La niña de diez años de Fort Worth recitó el mensaje de Selena espontaneámente, después de haber dicho orgullosamente que tenía seis discos de Selena para recordarse de la cantante y de su mensaje de esperanza.

Había visto a Selena en vivo en una presentación en un club en Fort Worth y se recordaba de haber escuchado atentamente mientras Selena hablaba con todos en la audiencia. Nicole dijo que estaba sentada en los hombros del padre para que pudiese verla mejor a Selena. La niña de diez años aprendió la importancia del mensaje en un concierto de Selena y no en la clase en la escuela.

Las representaciones gratis de Selena y sus respaldos donados para causas en cuales ella creia eran legendarias. Los músicos tejanos, que se sienten orgullosus da tocar una música orientada hacia la familia, han dicho que Selena sobrepasó lo normal en su bondad y su voluntad de donar su tiempo. Como parte de sus respaldos, insistía que sus patrocinadores donaran tiempo y fondos a los programas que apoyaban a sus causas.

Tomó el tiempo en su calendario que estaba lleno de sus conciertos repletos, de eventos músicos, de películas, de aparencias de radio y de tele, y de espectáculos de premios de música para involucrarse en sus asuntos de la comunidad.

En diciembre 1993, Selena grabó un anuncio de servicio público para el Houston Area Women's Center (HAWC), un refugio para mujeres maltradas. El mensaje de Selena era, "Póngale alto a dolor."

Betty Swinners, la coordinadora de esfuerzos para la educación de la comunidad de HAWC, dijo que Selena era una influencia poderosa.

"Cada vez que el anuncio se emitía, la centralita de teléfonos se iluminaba," dijo Swinners. "Inmediatamente, habían diez llamadas en la linea."

Swinners, que ha sido una admiradora de Selena desde hace años, dijo que la cantante famosa era la mujer perfecta para alcanzar a las mujeres hispanas y a los hombres también. Cuando Swimmers la llamó para filmar la publicidad, Selena no hesitó.

De hecho, en meses recientes, Selena había expresado un interés en visitar a las mujeres en el refugio y se hizo voluntaria para donar un evento especial para ahorar fondos para la causa.

Swinners dijo que admiraba la manera en la cual Selena usaba sus talentos para alcanzar y empoderar a las mujeres a través de las palabras de sus canciones y también a través de sus comentarios entre las canciones durante sus conciertos.

Swinners dijo que había siempre un momento durante todos sus shows en el cual Selena se dirigia específicamente a las mujeres.

Cada vez que cantaba la canción "Tú Que Creías," un cuento de una mujer que repudia a su amante prodigal, "Selena les decía a las mujeres en la audiencia que se dieran vuelta, miraran a sus hombres, y que les cantaran la canción a ellos."

"En cuanto la canción empezó, las mujeres empezaban a grítar," Swinners dijo. "Sabían que era el turno de ellas."

La coordinadora del centro de mujeres dijo que el mundo de la música y la comunidad hispana no se sentían solas en su pérdida, todas las mujeres habían perdido a una amiga.

Selena también estaba preparando de conducir un concierto de beneficio gratis para el Dallas–Fort Worth Area Boys and Girls Clubs cuando se murió.

Estas y tantos otros cuentos a propósito de la estrella tejana solamente deja la muerte sin sentido en Corpus Christi el 31 de marzo todavía más difícil de aceptar.

Nicole Cerda tiene planes de guardar sus discos de Selena para simpre. Gloria Lopez tiene planes de guardar las tasas de plástico en la valla para mucho tiempo más.

Para estos jóvenes hispanos-americanos y tantos otros como ellos, este es el mensaje que llevan en sus corazones:

"¡Selena Vive!"

10

EN LOS DÍAS Y SEMANAS QUE SEGUÍAN EL ASESINATO DE LA muy amada Selena, una abrumadora mayoría de las historias que contaba la gente trataba de su pena, la pérdida sin sentido de una persona que dio tanto a los que tocaba. La gran mayoría de los que están de luto

en montones de vigilias y servicios de conmemoración solo habló de lo que Selena llevó y de lo que Selena dejaría para la gente hispana y el mundo.

Mas allá de los informes oficiales de la policía y los reportajes de los noticieros, era como si Yolanda Saldívar ni se figuraba en esta trágica épica. La gente no insultaba a la acusada ni clamaron por vengarse. Era pena lo que sentían y la pena era inaguantable.

Aunque había sido un asesinato horrible, extrañamente, casi nadie, salvo los noticieros, habló mucho de la perpetradora alegada. En sus comentarios, los admiradores y los amigos hablaron más de la pérdida de Selena. Había un aire agobiante de tristeza, no de rabia ni de venganza.

Yolanda Saldívar, la admiradora super-dedicada de treinta y cuatro años, quien espera la prueba por el asesinato de Selena, entró en las vidas de la familia Quintanilla bajo el pretexto de lo que parecía los mejores de motivos.

En un tiempo cuando la carrera de Selena y los secuencias de su fama era urgente, se extendía una mano ofreciendo ayuda. Llegó en un momento en que los Quintanilla empezaban a ver la recompensa de todos sus años de trabajo duro.

La oferta parecía suficientemente sincera. Una enfermera registrada de San Antonio empezó a llamarle a Abraham Quintanilla en 1991, exhortándole que la deje fundir un club de admiradores para Selena. Abraham sabía que la imagen pública de su hija ganaría mucho con un tal club. Pero era cierto que él mismo estaba demasiado ocupado con otros detalles de su carrera para encargarse de todavía más responsabilidades. La familia, que siempre había querido mantener el control en cuanto a asuntos como la imagen y la publicidad de Selena, había negado otras ofertas en el pasado. Pero al final

eran persuadidos por el entusiasmo y la persistencia de la mujer y al final consintieron hablar con ella.

Ni Selena ni su familia quería que el Selena Fan Club sea un centro de ganancia. Era una manera de devolver algo a sus admiradores haciendo disponibles todo tipo de recuerdos y fotos. Aun asi alguien tendría que administrar tal operación.

El primer contacto que Yolanda Saldívar tuvo con la familia fue como la presidente voluntaria del Selena Fan Club. En agosto 1994, con los negocios y la carrera multiple de Selena en pleno desarrollo, la presidente del Selena Fan Club dejó su trabajo como enfermera para trabajar para Selena como empleado pagado, manejando el segundo boutique y el salón ubicados en San Antonio.

Mientras Selena parece haber quedado fiel a Saldívar en los años que intervenían, a otros les preocupaba cada vez más el papel que Yolanda jugaba en los negocios y en la vida de la cantante.

Aunque la severa Saldívar parecía hacer mala pareja con la alegre Selena, al principio la asociación era positiva. En una entrevista poco después de que contrató a Saldívar, Selena dijo que la mujer estaba trabajando "excepcionalmente bien." Parece que Selena la bombardeó con regalos y Yolando la reembolsó con una devoción completa.

Saldívar parecía trabajadora, excesivamente dedicada y siempre allí cuando se la necesitaba. Y a veces cuando se la necesitaba.

Los empleados del boutique y otros íntimos con la cantante dicen que Saldívar se insinuó rapidamente en la vida y en los negocios de Selena. Y parecía asumir el poder cada vez que estaba en la escena.

La manera de Saldívar de tratarles a los asociados y viejos amigos de Selena y la familia Quintanilla resultaba una sorpresa poco feliz. Dentro de poco,

parecía construir un escudo protegedor entre Selena y su público.

Una indicación de que podría haber problemas llegó en un show importante de las nuevas líneas de ropa de Selena. Viejos amigos y clientes acudieron a la sala del hotel en Corpus Christi donde el show tomaría lugar. Antes de abrir las puertas, se había formado una cola y allí estaba Rosita Rodela, quien había conocido a la familia más de diez anos.

"Esto fue la primera vez que vi a Yolanda," recordó Rodela. "Allí estaba esta mujer gordita y bajita en frente de la puerta y me dijo 'no puedes entrar; todavía no está abierta. Tienes que volver.' Era muy mal educada."

Rodela se sorprendió, pues el comportamiento se contrastaba tanto con la manera afectuosa y cortés con que Selena y su familia siempre trataba a la gente.

Le dijo a la mujer que era una amiga de simpre de la familia y que quería entrar antes de que el show empezara para charlar con Abraham Quintanilla.

"Pregunté si podría ver a Abraham y me dijo 'está ocupado.' Pero pasó que Abraham estaba saliendo para recoger unos flores y me vió. Le pregunté si podría entrar [para visitar a la familia] y, claro, me dijo 'como no.' Yolanda me miraba con los ojos saltones."

Rodela se acordó de que no mencionó el comportamiento de la mujer a la familia. "Sabía que si su padre se lo mencionara a Selena—era tan simpática y dulce—solo le compadecería. Selena no diría mas que *pobrecita*. Así era Selena—confiada y compadeciéndoles a las personas que tenían menos."

Otros amigos y asociados de negocios de la familia Quintanilla dijeron que después de que Saldívar llegó a la nómina, en 1994, la mujer era "excesivamente protectora" de Selena. Lo que entonces interpretaban

como protectora ahora creen que se trata más bien de posesiva—hasta obsesionada.

Rosita Rodela y otros amigos y empleados de Selena aprendieron pronto cómo vivir con la omnipresente Saldívar.

"Esa señora estaba obsesionada de Selena," dijo Rodela. "Tenía fotos por todo su apartamento. No era como Selena era sencillamente su jefe—Yolanda era obsesionada. Era su brazo derecho y tenía la autoridad de manejar sus negocios. Selena le dio la autoridad de firmar los cheques para los empleados."

Rodela dijo que los empleados de Selena entrarían en su cafe, Rosita's, y le decía que sus cheques fueron rechazados cuando sabian que Selena tenia dinero de sobra.

"Yolanda estaba usando [el dinero de Selena] para sus propias cosas personales. Una de los empleados de Selena me dijo que cuando fue a depositar un cheque de la nómina, no querían aceptarlo por el problema—que lo habían rechazado antes.

Las noticias de este incidente y otros por el estilo corrieron rapidamente por la intima comunidad hispana. La gente que había conocido a la familia Quintanilla se sorprendió y sabía que estos cambios repentinos no se debía a los Quintanilla.

"Estas cosas se hacía a espaldas de Selena," dijo Rodela. "Selena se enteraría después del hecho y se las arreglaría. Selena estaba siempre llamando y pidiendo perdón. Decían que [Saldívar] compró un camión nuevo con el dinero de Selena."

Uno de los símbolos mas tristes del abuso de la confianza que Selena puso en Yolanda Saldívar lo llevaría la cantante a su muerte.

Cuando Selena fue llevado al hospital después del tiro, alguien notó que la mujer moribunda agarraba un objeto en la mano.

Era un anillo de oro y diamantes con un huevito encima incrustado con cincuenta y dos diamantes pequeños.

Mientras el misterio alrededor del asesinato de Selena y la extraña relación con la admiradora acusada del asesinato se revelaban, el regalo querido agarrado en la mano en los últimos momentos de su vida iba a manefistarse como otro ejemplo de una cadena de traiciones.

Aunque todos los empleados habían contribuido a comprar el anillo, parece que Yolanda le daba la impresión a Selena que era un regalo personal de ella. Haciendo la charada todavía más absurda, ahora parece que a lo mejor Saldívar se quedó con el dinero de los empleados y cargó el anillo en una de las tarjetas de crédito de la empresa de Selena.

El joyero que hizo el anillo se horrorizó cuando se enteró del papel macabro que el regalo desempeñaría en la tragedia.

"Selena estaba tan contenta con el anillo cuando lo recogió," dijo Phillip Randolph, que hizo la joya especial. "Descubrir que fue parte de sus últimos momentos me da asco. Es tan triste."

La historia triste del anillo fue sacada a luz cuando unos amigos y empleados vieron una foto del anillo en el programa de "Dateline NBC" y oyeron que la cantante lo tenía agarrado en la mano al momento de su muerte.

Las autoridades no lo tenía muy claro el papel preciso del anillo en la confrontación entre Selena y Saldívar. Pero se cree que tuvo algo que ver con la última conversación.

Las autoridades han concluído que Selena fue al hotel por unos discrepancias financieras que la familia descubrió en los libros de contabilidad de los boutiques y salones de Selena, que eran manejados por Saldívar en los ocho meses antes del asesinato.

Unos miembros de la familia les dijeron a la policía que estaban tratando de recuperar unos documentos financieros que tenía Saldívar. Se cree que Selena fue al hotel por ese motivo.

Cuando se enfrentó con Saldívar, por lo visto Selena se quitó el anillo del dedo. Se supone que Selena, bajo la idea de que la mujer se lo había regalado personalmente, intentó devolverlo pues estaba en el proceso de despedirla formalmente.

Randolph diseñó el anillo con la letra *S*. El joyero de Corpus Christi no diría el precio exacto del anillo, pero un tasador de joyas, mirando una foto del anillo, dijo que actualmente valería "unos miles dólares."

En el día 14 de enero 1995, Saldívar volvió a la tienda para recoger el anillo cargando el saldo en una tarjeta de oro American Express en el nombre de una de las empresas de Saldívar.

Llevó el anillo al coche para que Selena podría probarlo, pero no le quedaba bien.

"Selena, que vuelvas a la tienda," dijo Randolph. Era la primera vez que había conocido a la cantante y el joyero recordó que le besó en la mano cuando se la presentó para demostrarlo que hacía falta cambiar el tamaño.

"Era tan encantadora y dulce," dijo Randolph. "Estaba muy contenta con [el anillo]."

Randolph dijo que calibró el anillo para quedarse bien en el dedo índice de la mano derecha. Ella le dijo al joyero que todo el mundo lo vería pues lo llevaría en la mano en que sujetaba el micrófono cuando actuaba.

El diseño del anillo con el huevito de oro blanco le tenía un significado particular para Selena, que admiró los huevos de Fabergé y que tuvo una colección de diseños de huevos hechos a mano. Su interés puede tener su orígen en el hecho de que se nació en 1971, el domingo de Pascua. En 1995, solo

diez y seis días despues de su merte, Selena hubiera cumplido veinte y cuatro anos—el diez y seis de abril, domingo de Pascua.

¿Quién era esta persona que llegó a la vida de Selena como una admiradora ardiente que desempeñó un papel importante en la imágen de la cantante y que al final admitiría de haberla matado?

Uno de los asociados de Selena, el diseñador Martín Gómez, era el que más quejaba de Yolanda Saldívar después de que fue acusado del asesinato.

Gómez habló claramente. En un informe que fue difundido por todo el país por el *Associated Press,* unos días después del asesinato, dijo de Saldívar: "Era manipuladora. Era mezquina. Era perversa."

El marido de Selena amplió el papel de Saldívar en su entrevista con "Dateline NBC." "Había un tiempo cuando todos tenían confianza con [Saldívar]. Haber ganado una posición adentro y luego sentir el empuje hacía afuera, no creo que lo podía aguantar."

Aunque Saldívar parecía ser la admiradora mas ardiente de Selena, un conocido de la enfermera de San Antonio dijo que a lo mejor su supuesta amor hacía la cantante no era lo que parecía.

Aurora Blanco, un empleado de antes del negocio de ropa de Selena dijo que una vez Yolanda Saldívar le confeso que odiaba a la estrella.

En una entrevista publicada en el *Houston Chronicle,* Blanco reportó que Saldívar le dijo "Yo odiaba a Selena. La odiaba porque siempre ganaba en los Tejano Music Awards."

Pero aquel sentimiento no parece ser verdadero pues Saldívar trabajó durante varios años como la presidente voluntaria del Selena Fan Club.

Puede ser que la intención de Saldívar fue pegarse a cualquier estrella en el campo de la música tejana.

Antes de que Saldívar entró en la vida de Selena,

nunca había participado en la industria musical. Pero sí asistió la misma escuela segundaria con algunos de los músicos tejanos jóvenes quienes lograrían el estrellato en su campo.

De hecho, la oferta de montar un fan club de Saldívar ya había sido rechazado por otra cantante femenina. Shelly Lares, una estrella tejana de veinte y tres años, dijo que Saldívar se la acercó con una oferta de manejar su fan club antes de que se le acerco a Selena.

"Quería manejar un fan club," dijo Lares. "Como queríamos guardarlo dentro de la familia, le decímos que no a Yolanda."

Lares había sido una amiga íntima de Selena a lo largo de los años. Chris Pérez tocaba la guitarra en su conjunto antes de ingresarse en el de Selena. Lares les contó a los reporteros que no quería pensar en lo que pudiera haber pasado si hubiero dicho que sí a Yolanda.

"No quiero decire que me hubiera pasado [a mí], pues no lo sé, pues sólo Dios sabe esto."

La única experiencia que Saldívar tuvo con el campo de la música tejana parece haber sido cuando era una adolescente en McCollum High School en San Antonio con los músicos aspirantes Ram Herrera y Emilio Navaira. Herrera y Navaira dijeron que no la conocían a Saldívar en aquellos años. Saldívar se graduó de McCollum High School en 1979.

"Estaba aturdido cuando leí que se graduó de McCollum. Nadie sabía quién era," dijo Herrera. Navaira, quien compartía la escena cuando quebró el récord de asistentes en el Astrodome de Houston, también dijo que se sorprendió que Saldívar asistiera a la misma escuela que ellos.

Desde la escuela segundaria, Saldívar fue a una serie de universidades y luego tenía una series de

trabajos como enfermera. Cambió de escuelas varias veces, asistiendo San Antonio College y Palo Alto College. Finalmente se graduó de la University of Texas Health Science Center en San Antonio en 1990 y se hizo enfermera registrada en 1991.

En los próximos cuatro anos, tuvo cuatro puestos de enfermera, todos en la zona de San Antonio. Estaba trabajando de enfermera cuando montó el Selena Fan Club. Aproximádamente ocho meses antes de la muerte de Selena, Yolanda había dejado aquel profesión.

Saldívar no había sido acusado de nada en cuanto a los fundos malversados de los Quintanilla. Los miembros de la familia dijeron a las autoridades que Saldívar había llevado unos récords de contabilidad a Monterrey, Méjico. Selena se había ido al hotel el jueves con su marido para recuperar los récords pero parece que se fue sin ellos.

El día siguiente, Selena se murió de una bala de una pistola .38 calibre.

Los récords en el departamento del sheriff de Bexar County revelan que Yolanda Saldívar compró una pistola .38 calibre el día 13 de marzo, 1995. Habían aprobado sus antecedentes y el plazo de cinco días que hay que esperar antes de comprar el arma.

En una mañana lluviosa y fría, diez y ocho días más tarde, Selena Quintanilla Pérez se murió de una bala de una pistola .38 calibre.

El lunes después del asesinato de Selena, día 31 de marzo, el fiscal de Nueces County, Carlos Valdez, dijo que Saldívar había firmado una declaración confesándose del asesinato.

El fiscal Valdez anunció que Saldívar había sido acusado oficialmente del asesinato.

El jurado de Nueces County devolvió una acta de acusación de asesinato. La acusación específica llevaría un máximo de 99 años en la cárcel. El fiscal

¡SELENA!

dijo que el estado no buscaría la pena de muerte en este caso, pero no habló de la decisión.

Las leyes sobre el asesinato en Tejas son de los más duras del país; la pena de muerte se impone en algunos casos capitales. Tejas ha ejecutado a noventa y dos asesinadores desde el año 1976 y hoy en día cuatrocientos presos condenados esperan la ejecución por una inyección letal.

La prueba del asesinato de Yolando Saldivar ha sido fijado en la corte del Judge Mike Westergen en Corpus Christi, Tejas, con la fecha del 9 de octubre, 1995.

El abogado de Saldivar, Doug Tinker, está intentando de conseguir una reducción de la pesada fianza de 500,000 dólares, impuesta por Judge Westergren. Pero el estado está luchando cualquier intento de reducir la fianza igual que el intento del abogado de la acusada de mover la prueba fuera de Corpus Christi.

"Dada la importancia del caso y el hecho de que [Saldivar] no es de Nueces County, creemos que es bastante posible que si fuera liberado, no volvería para la prueba," dijo el fiscal Valdez.

Más de treinta mil personas pasaron el ataúd de Selena para presentarle sus respetos a la chica local adorada. Cientos de vigilias, marchas de vela y misas en su memoria se han celebrado.

Dos semanas después del asesinato, unos cuantos admiradores de luto tuvieron otro tipo de vigilia afuera de la cárcel donde está presa su asesinadora acusada.

Visitaron a la cárcel para expresar su rabia hacia Yolanda Saldivar.

11

Nunca se oyó la canción de Selena más claramente que en el día 3 de abril 1995. Aquel fue el día de su entierro cerca del mar en Corpus Christi, Tejas.

La celebración del entierro de la estrella de la música tejana era más bien toda una semana de docenas de funciones, grandes y pequeños, que duraron desde la hora de su muerte al medio día, el 31 de marzo hasta el medio día, el 7 de abril 1995. Cada rito era diferente y cada rito era igual.

Su música se oía en todos lados—desde la ciudad de Méjico hasta Dallas, desde San Diego cerca del Pacífico hasta Houston al lado del Golfo de Méjico.

Sus tristes baladas tex-mex de amores perdidos, sus picantes y seductores desafíos a un novio díscolo— éstas fueron las canclónes de Selena haciendo ecoes de un millón de radios.

Sus admiradores lamentaban mientras bailaban en Hollywood and Vine.

En Austin, se reunieron en una orilla del río con velas y decoraciones de la Vírgen de Guadalupe. Reflejos de reflejitos de fuego bailaban sobre el agua, extendiéndose para unirse con los que lloraban su muerte en Monterrey y Matamoros. La amada Vírgen de Guadalupe ha estado haciendo milagros para los mejicanos desde hace quinientos años cuando apareció por primera vez allí.

La muerte de Selena era otro tip de milagro. Unió a la gente de una manera rara en estos tiempos de discordia étnica. Por un momento borro las fronteras entre los países. Se amaba a Selena desde ambos lados de aquella frontera.

Unos cientos de miles hispanos de luto y un número bastante grande de anglos asistían misas especiales por todo los Estados Unidos del suroeste y cruzando la frontera hacía Méjico.

El entierro en Corpus Christi, donde sólo había unos cientos miembros de la familia, amigos íntimos y colegas de la música tejana, era sola una conmemoración a Selena. El día anterior, gente de todas partes entraron en fila para ver su ataúd. Se dice que había unos cincuenta miles de personas.

Todos los admiradores entrevistados en los programas de noticias intentaron expresar sus sentimientos de pérdida. Algunos mencionaron las canciones. La mayoría solo mencionó el nombre: Selena.

En en entierro privado, lamentaban a una hija, no una cantante.

El marido de Selena, Chris Pérez, y su madre, Marcela, se sentaron al lado ante el ataúd negro. Junto a ellos estaban el hermano de Selena, Abraham Quintanilla III, y su esposa Vangle, y la hermana Suzette con su marido, Billy Arriaga. El abuelo estaba destrás de ellos.

El padre, quien había jugado un papel tan activo en la carrera de Selena desde el día en que la oyo cantar por primera vez de niña, siguió manejando la familia. Lloró varias veces durante el entierro.

Algunos de los artistas tejanos más importantes tambien estaban. Estaba Grupo Mazz, La Mafia, Roberto Pulido, Ram Herrera, Emilio Navaira y David Lee Garza.

Los ejecutivos del estudio de Selena, EMI, estaban. Mario Ruiz, el presidente de EMI-Méjico vino a los Estados Unidos para los servicios.

Madonna, Gloria Estefan y Julio Iglesias le mandaron el pésame por ella a la familia.

Cientos de admiradores se reunían alrededor de la valla y helicópteros volaban arriba. Los asistentes del sheriff señalaron que se alargaran los helicópteros.

Era una interrupción final hecha por los noticieros para que la histeria final de la vida de Selena pudiera ser contada. Pero, claro, no se puede culpar a la familia por querer un poco de privacia en aquel momento.

Una prima de la familia, Irma Basaldua, se enojó con un reportero: "No nos da un tiempo en paz para lamentaria ya?"

Más de trescientas personas pasaron para despedirse de Selena. Cada uno ponía una rosa blanca encima del ataúd. Dentro de unos minutos se cubrio con rosas. La lírica de su canción hizo eco en las mentes de ellos—*Como la flor* . . .

El espíritu de Selena dejo el entierro para visitar otros servicios en aquel día, como la misa en Alamo City de San Antonio.

La memorial más grande tuvo lugar el día anterior en el Bayfront Plaza Convention Center en Corpus Christi. Allí fue el servicio donde se dejaba al público pasar el ataúd negro decorado con angelitos de metal.

Según un reportaje en *People Weekly* habia un momento de histeria creado por el rumor que Selena seguía viva y que no estaba en el ataúd.

"Por fin, la familia ordenó abrir el ataúd para confirmar la verdad inaceptable," el artículo *People Weekly* dijo. "Y allí estaba, sus labios y sus uñas largas pintados de rojo, llevando un traje apretado.

Uno de los largos pelos de Selena se cruzaba la frente. Un amigo de los Quintanilla decía que un

miembro de la familia había hecho el peinado. La familiar no quería que un desconocido la tocara.

Durante los servicios, su tío, Eddie Quintanilla, dijo que Selena se sintió segura dentro de su familia y que probablemente no se daba cuenta de la gran estrella en que se había convertido.

Amalia Gonzalez de la radio hispano-parlante en Los Angeles recibió una llamada durante su show que trajo mas luz a esta verdad.

Recibímos una llamada de un guardaespaldas el 5 de abril. Dijo que trabajaba en una empresa de seguridad para los artistas grandes cuando vienen a Los Angeles. Había conocido a Madonna. Cuando estuvo Selena, el guardaespaldas le dijo, "le quiero cuidar—si es posible, trabajar con usted siempre."

El guardaespaldas le dijo a Gonzalez que Selena había dicho que no "porque da miedo a la gente cuando si los empujes."

"Así era Selena," dijo Gonzales.

Steve Sagik dijo que era la naturaleza de los músicos tejanos de querer estar cercanos a sus audiencias. Será por sus raíces en el pasado de los tiempos de los conjuntos.

En la vigilia en las orillas del río Colorado, cuatrocientas personas se habían reunido llevando rizos negros. Lloraban silenciosamente.

Un viejo con una barba vino a la multitud con una guitarra colgada de su hombro. Llevaba una camiseta blanca, vaqueros viejos y un sombrero de verano.

Era un cantante ranchero—tal vez de un conjunto de su juventud. Toco unas cuerdas y canto unas letras tejanas. Parecía todavía mas triste viniendo de un tejano. La gente cesaba de llorar. La voz clara del viejo quebró en y cantó en un inglés como a veces les pasa a los cantantes tejanos.

"Te tengo en mi alma. Nunca me ovidaré de ti. Adiós morena. Adiós."

12

La radio siempre tuvo mucha importancia a la música tejana y a la gente que la escucha. Los radioyentes estan en armonía con las bellas y vivaces canciones que se emiten sobre las ondas de las estaciones de radio hispano-parlantes.

Cuando el protagonista de un programa de entrevistas lanzó una parodía viciosa de mal gusto de la muerte y las canciones de Selena el día de su entierro, la comunidad hispana se levantó con una voz unida llena de ira y de asco.

Howard Stern no hubiese podido lastimar más a la apesadumbrada gente hispana si hubiera entrado de rondón a los servicios privados en el cementerio de la familia Quintanilla con actos y lenguaje obscenos, ambos sus especialidades.

Stern enfureció a los hispanos cuando dijo que la música de Selena era superficial. Pusó en ridículo los admiradores que lloraban su muerte. El 3 de abril, el día que la enteraron en Seaside Memorial Park, Stern tocó su música durante su emisión sindicada nacionalmente con tiros simulados en el fondo.

La primera reacción de las comunidades hispanicas fue el dolor. La angustia era clara en la voz de Roberto Pulido, unos de los músicos tejanos y unas de las amistades que asistió al funerario. "Es increíble. Estamos todavía llorando nuestro amor. Lo que

[Stern] está haciendo les está haciendo daño a los jóvenes; les es difícil contender con esta muerte."

Pulido dijo que su choque y su perplexión sobre el asalto verbál sobre la memoria de Selena fue más produnda todavía porque, "Pensaba que era judio. Tendría que saber lo que es el odio, lo que el odio puede hacer."

"Palabras no pueden describir adecuadamente ni nuestra tristeza ni nuestra indignación," dijo Belen Robles, presidente de la League of United Latin American Citizens (LULAC), que tiene 100,000 miembros.

Primero llegó el dolor, pero la ira siguió dentro de poco.

LULAC y el American G.I. Forum apuntaron al lugar que duele más, los bolsillos del programa, y rápidamente organizaron un boicoteo económico de los patrocinadores del show.

Para el 9 de abril el boicoteo estaba a plena fuerza por todas partes de los Estados Unidos.

"Los hispanos representan de siete a ocho mil milones de dólares en poder de consumo en la zona de Houston," dijo Johnny Mata, el director del distrito diez y ocho de LULAC. "Queremos usar ese mismo poder para parar a ese programa racista." Se puede oír a Stern en veinte mercados en el país, incluso en El Paso y en Dallas.

"Pensaba que estaba mordiendo un taco, pero en vez mordió una bomba que explotó en su cara," dijo Mata en una conferencia para la prensa que anunció el boicoteo. "Y se está por explotarlo fuera de la industria de radiodifusión."

Mata prometió informar a los hispanos por todo los Estados Unidos que LULAC considera a Stern como un intolerante cronista de radio a quien le falta la sensibilidad de consideraciones de las minoridades.

En efecto, los comentarios monstruosos de Stern

atontaron tanto a unos anunciantes que decidieron sacar sus publicidades durante su programa entre días de su comentario. Entre ellos habían: Sears, Quaker Oats Co., Snapple, Slick 50 Products, Gatorade y el Miller Brewing Co., y McDonald's. La cadena de supermercados H.E.B. sacó los productos de los anunciantes de Stern de sus estantes.

Una semana después que los comentarios fueron dichos, Mata dijo que LULAC estaba esperando que varios otros anunciantes se retirarán, inclusos eran 20th Century Fox, Insurance Express, Boston Chicken Restaurants, Prime Sports, Super Shops Auto Stores, A&W Root Beer, y Cadbury Schwepps.

El próximo gran objetivo de LULAC, dijo Mata, era Warner Cable, que emite el show de televisión de Stern en Houston.

Ben Reyes, político de Houston City, dijo que los intereses eran demasiados fuertes para dejar que tal comentarios fueran ignorados.

"Este tema me inspira porque Selena significaba tanto para los jóvenes en nuestra comunidad," dijo Reyes. "Si en tal que líders no nos enfrentamos a estas situaciones, los jóvenes pensarán que así son las cosas, que la gente puede coger el dolor y aplastarlo."

Reyes dijo que le pediría a los miembros de la junta local de aprobar una resolución requiriendo a Warner Cable que dejen caer el show de Stern.

"Crees que los niños de nuestra comunidad no deben ser expuestos a este tipo de odio y de racismo," explicó Reyes.

Los grupos hispanicos rechazaron la disculpa que dió Stern en la radio días después en español:

"Como ustedes saben, soy una persona satírica. Sin duda, mis comentarios sobre la muerte trágica de Selena no fueron dichos con la intención de causar más dolor a su familia, a sus amigos, y quienes la querían.

"Me enfurece que la vida de esta joven mujer fue eliminada en un modo tan insensato. Su asesinato debe ser confrontado en toda extensión de la ley. Gracias."

Después, dijo en inglés, "Esta es la conclusión de mi declaración."

Un juez tejano ordenó la detención de Stern el 7 de abril, cargándolo de comportamiento escandaloso, una ofensa castigable por una multa máxima de quinientos dólares.

El juez de la paz Eloy Cano en Harlinger, una ciudad de Tejas del sur, dijo que el motivo era que el comentario era "abusivo y alarmante" en contra de otros.

El orden podia ser ordenado si el protagonista del programa de entrevistas venía a Tejas. Cano dijo que tomó medidas cuando se registró una queja de parte de unos admiradores de Selena. "Lo hice para los aficionados tejanos," dijo.

Los defensores de la libertad de palabra rápidamente discutieron que la detención era inconstitucional.

Jay Jacobsen, director ejecutivo del capítulo tejano de la American Civil Liberties Union, dijo, "Falló en la prueba de Primera Enmienda. Es un discurso que está protegido. Ser crítico de música, por cruel que sea, no es motivo para cargas criminales."

"Si dicen que está protegido de la Primera Enmienda, tienen que venir a mostrármelo," contestó Cano. "No voy a averiguar la ley para ellos. Pienso que tendría que venir a Corpus Christi a disculparse con la familia de Selena."

Mientras la explosión de Stern fue una sola voz, y definitivamente no representa ningún grupo significante de americanos, representó para muchos hispanos-americanos los comentarios llenos de odio

de muchos otros protagonistas de este tipo de programa.

Los hispanos-americanos ven a las tendencias alarmantes como una vuelta abierta al racismo y al odio de las clases que han señalado a su gente en el pasado.

Muchos diálogos recientes en los programas de entrevistas de la radio han sido ataques claros sobre los inmigrantes mejicanos, legales e ilegales.

Méjico y Latino América traen la más grande cantidad de inmigrantes legales en los Estados Unidos, casi el noventa porciento. Méjico solo representa a veinte y dos porciento.

Varios dolientes en el entierro de Selena dijieron que la discordia étnica y racial creciente era lo que Selena quería aliviar con sus canciones. Y había comenzado a alcanzar a los jóvenes anglo-parlantes.

Pero la ira y el dolor del ataque emitido durante el funerario de Selena no fue lo peor de lo que llegó el 3 de abril 1995.

13

ANTES DE QUE SE FUERON DEL PUEBLO, LOS MÁS CÍNICOS jornalistas veteranos a quienes habían mandado a cubrir el asesinato de la bella cantante tejana, podrían haber tenido la sensación que, en efecto, el diablo andaba suelto por Corpus Christi.

Varias docenas de reporteros nacionales, internacionales y tejanos de la televisión, de la radio, de los

diarios y de las revistas fueron enviados a hacer reportajes sobre el asesinato y el funeral.

Terminaron por cubrir un masacre también.

El día que la enterraron a Selena Quintanilla Pérez, un metalurgo loco entró en una oficina y le disparó a su previo jefe, a la mujer del jefe y a tres empleados antes de suicidarse.

Uno de los jornalistas de visita, el reportero Allan Turner del *Houston Chronicle,* había conseguido la cita del diablo de un residente mejicano-americano horrorizado. El hombre atontado de la tragedia no tenía ninguna otra explicación para la serie de eventos que ocurrieron más que la presencia de alguna fuerza perniciosa fuera de la comprensión humana. Ningún sentido podía ser atribuido a las cosas que ocurrieron. No podía haber habido ninguna experiencia, ningún entrenamiento, hasta en una ciudad más acostumbrada a la violencia, que los prepararían, los residentes normalmente pacíficos de ese pueblo costañero agradable del Golfo de Méjico, para esos días tan apocalípticos.

Corpus Christi, el pueblo natal de generaciones de Quintanillas y la ciudad en donde la estrella Selena eligió vivir, no conoce a las catástrofes de esta magnitud. El tema más problemático en las mentes de los residentes en marzo 1995 era por cuanto iban a reducir los presupuestos federales de la defensa y que impacto iba a tener sobre las facilidades locales de las fuerzas marinas armadas estadounidienses. Un número bastante grande de los trabajos en el pueblo tenían una relación directa a la junta militar, muchos puestos ya se habían perdido.

Corpus Christi, solitamente llamada Corpus, es un pueblo abierto, simpático y tolerante, con una actitud de vivir y dejar vivir soportada por sus tipos de comercio, petrólio, ranchos de vacas, el militar y el turismo. Todas estas industrias pueden tener sus

personas de tipo bullicioso: marineros, vaqueros, sondradores y turistas. Pero la mezcla es bastante buena, y los crimenes serios, especialmente de tipo violento, no es un problema más grande como lo es en cualquier otro pueblo pequeño. Claro está creciendo en todas partes, pero no más en Corpus Christi que en otros lugares.

La población que es más o menos mitad anglo-americana, mitad mejicana-americana se lleva bien. No fue siempre así. Pero en comparación con otras zonas del país y otras ciudades de Tejas donde grandes grupos étnicos se enfrentan cada día, Corpus Christi ha arreglado sus problemas de integración.

La joven mujer mejicana-americana, Selena, fue, sin duda, la más famosa ciudadana, unas de las más ricas, y unas de las más uniformemente queridas por todos que los cuerpos de la prensa podían encontrar.

Selena apartenecia, igual que el entero cincuenta y dos porciento de la población que lleva un nombre de familia español. Antes de que el bisabuelo Quintanilla se estableciera en la zona alrededor del principio del siglo, los vaqueros españoles-mejicanos metieron a sus rebaños flacos en los llanos de césped a lo largo del Río Nueces. El río corre a través del pueblo y en sus orillas en las tierras de mesquite y floreadas de cactus que comenzaban fuera del pueblo, los mejicanos metieron sus rancheros en la mitad de los años 1700.

Los bis-bis-primos ancestrales de Selena ya tenían sus raíces en la zona antes de que los anglos bajaran en el río con sus colonias en la mitad de los años 1800. Entonces Selena se sentía comoda aquí porque era la tierra de su gente. Después de haber ganado su fortuna, podría haberse facilmente mudado a cualquier otro lado, pero con su marido estaban costruyendo una casa con un poco de tierra para tener privacidad en las afueras del pueblo.

¡SELENA!

La música de *Selena y Los Dinos,* el conjunto tejano de su familia, llevaba las huellas, aun saboreadas de "pop" moderno, de ésta herencia. Los trajes de los conjuntos tejanos todavía tienen el sabor de los trajes de los vaqueros mejicanos.

Al sur de Corpus Christi, desde el Río Nueces hasta el Río Grande, es en donde se encuentra el verdadero corazón del "country" tejano, como los bayous en New Orleans son la tierra de los cajun. Ambas tierras, muy diferentes, han criado músicas increíbles. En donde la música nace, la violencia es un estranjero.

Por eso, el horror y la pena que los visitó entre el 31 de marzo y el 3 de abril 1995 será recordado en la historia de Corpus Christi como el más malo de los tiempos. Por eso le dijieron al reportero de Houston, "el diablo anda suelto."

El lunes, 3 de abril, el entierro pequeño de Selena se acabó antes de que empezara la matanea refinería. La familia y unos amigos se reunieron en el sepulcre para los servicios del entierro en Seaside Memorial Park; le dieron los últimos respetos a la caída idola tejana, hermana e hija; y se fueron a sus casas en Corpus Christi a empezar la larga y dolorosa lucha de juntar todos los pedazos de la vida y unirlos.

A las cuatro de la tarde, un previo empleado de veinte y ocho años entró en el Walter Rossler Company, una companía de consultaje de la inspeccion de las refinerías. Sacó una pistola semiautomática de nueve milímetros y un revolver de .32 calibres y empezó el masacre.

James Daniel Simpson mató a cinco personas en pocos segundos antes de haber salido por la puerta de atrás de la compañía de inspección de las refinerías petroleras y se pegó un tiro en la cabeza. Se murió dos horas después en el Memorial Medical Center, tres días después de que Selena Quintanilla Pérez fue pronunciada muerte en el mismo hospital.

Las cinco victimas de Simpson también fueron apuradas al hospital. Pronunciados muertos de balazos fueron los siguiente:

Walter Rossler, 62, dueño de la empresa
Joann Rossler, 62, su mujer
Wendy Gilmore, 42, gerente de la oficina
Richard Tomlinson, 34, gerente de operaciones
Derrick Harrison, 35, vendedor técnico

Dos más empleados en la empresa escaparon a la tormenta de tiros por las ventanas. Más temprano ese mismo día un hombre con la misma aparencia de Simpson había conducido un coche a lo largo de un parque y disparado un bala desde la ventanilla de su coche.

El sitió del masacre quedaba a solamente unas pocas millas del hotel Days Inn en donde, según se dice, Saldívar le disparó a Selena.

En cuanto se pudiese determinar, estas victimas, también eran igual de inculpables como lo había sido Selena de cualquier acto que pudiera haber prestado sentido a los asesinatos.

Las muertes separadas no eran conectadas, en todo caso, directamente, exepto que las dos fueron cometidas con pistolas de mano.

Y sí, el diablo andaba suelto por el pueblo.

El asesino fue descrito como "un poco diferente" de un previo empleado. "No congenia." Se habían dicho cosas similes a propósito del asesino acusado y previa empleada de Selena.

El masacre fue el peor asesino al por mayor en Tejas en mucho tiempo, desde el masacre de veinte y cuatro personas en Luby's Cafeteria in Killeen hace más de tres años y el más reciente masacre en el compound del culto cerca de Waco.

El jefe de la policía de Corpus Christi, Henry

Garrett se encontró con los jornalistas de nuevo para identificar al sospechoso.

No había ninguna conección entre los dos incidentes.

Simpson vivía solo en un apartamento. Yolanda Saldívar también vivia en un apartamento sola, pero lejos de Simpson.

Nadie supo por qué Simpson mató a sus colegas de tramajo. Nadie tenía explicación buena para el motivo que usó Saldívar al matarla a Selena.

A Simpson lo habían echado de su trabajo por una razón misteriosa el septiembre pasado. Selena estaba por echaria a Saldívar.

Simpson puteó a sus victimas antes de matarlas sistematicamente. Nadie sabe qué palabras salieron de los labios de Saldívar antes de que le disparó a su víctima en la espalda.

El jefe de policía Garrett hizo una sola conección entre los dos crimenes.

"Hemos tenido a dos incidentes aquí esta semana en donde han matado a gente con armas escondidas," dijo el jefe. "Esto es un ejemplo de lo que pasa cuando la gente las lleva encima."

El reverendo Morgan Rowsome ha vivido en la ciudad para más de veinte y cinco años y nunca ha oído de algo tan horrible como en esos últimos dias. "No. No. Nunca vi algo así. No creo que jamás hemos tenido un masacre plural como este en Corpus Christi, que me corrijan si me equivoco. Espero que no sea una copia de lo de Selena."

Mientras los oficiales de Corpus Christi no establecieron ninguna conección entre los dos asesinatos, un experta sobre la violencia en el trabajo y un consejero a la FBI no estaba seguro.

Dr. Park E. Dietz de Newport Beach, California, habló con el reportero del *Corpus Christi Caller-Times*, Vivienne Heines.

Dietz dijo que había definitivamente una relación entre los eventos que ocurrieron en la misma comunidad en los recientes días. El consejero, que ayuda a empresas a establecer programas para prevenir la violencia en el trabajo, dice que los asesinatos de alta perfil a menudo preparan la escena para otros asesinatos.

"No es la noticia del crimen que inspira a la gente de suicidarse o que los causa a volverse locos o que causa el crimen," dijo Dietz.

"Es que determina cuando el crimen ocurre."

Dietz dice que la mayor parte de los casos de masacres o crimenes en el trabajo pueden ser predichas si una persona está entrenada. Mientras no son paralelos, el asesinato de Selena y el masacre en la empresa tres días después tenían que ver con asuntos del trabajo."

"Siempre hay un aspecto del comportamiento que debía de haber avisado a la gente que algo no se encontraba bien," dijo Dietz durante su entrevista con Heines. "Las percepciones de injusticia, de quejas no resueltas, oportunidades de carrera limitadas, y otros fenómenos normales de ese tipo son omnipresentes."

Dietz ha trabajado recientemente en los famosos casos de los hermanos Menendez, acusados de la muerte de sus padres en California, de Susan Smith, la ama de casa de South Carolina quien es acusada de haber ahogado a sus hijos jóvenes. Ha escrito un estudio comprensivo sobre los admiradores que persiguen a las estrellas. Es el fundador del Threat Assesment Group.

Dietz dice que la violencia es desencudenada a menudo por imagenes televisivas de violencia, y que los diarios no tienen el impacto visuál para provocar un acto violento que está esperando una chispa.

Habían muchas de los dos tipos, reportajes en la tele y en el diario en Corpus Christi esos días que llenaron los hoteles de la ciudad, que generalmente bajan los precios durante el periodo fuera temporada.

Llegar a Corpus Christi es la primera meta. La mayor parte de los reporteros tuvieron que enterarse de lo que quiere decir tejano. Inmediatamente, unos pocos críticos de música tejanos se traformaron en los jornalistas del día en los Estados Unidos.

Pero no tuvieron que aprender mucho, y los reportajes eran pesados. Dentro de pocas horas, la mayor parte de Norte América sabía que la Reina de Música Tejana se había muerto, y poco tiempo después muchas partes del país aprendieron algo de la música tejana.

Los jornalistas que cubrían el cuento de Selena se dieron cuenta que tenían otro tipo de cuento adelante de ellos. No era un típico asesino de una persona famosa. Mientras entrevistaron a todos los que la conocían, era claro que Selena no fue simplemente otra estrella creciente cuya carrera se cortó por una muerte inoportuna.

Reportaron ese hecho de costa este a costa oeste y por todo Méjico la foto de esta persona extraordinaria tuvo mucha circulación.

Hasta *People* se apuró en publicar una edición con tapa especial para la distribución en los estados suroestes y oestes donde la concentración más grande de admiradores de Selena viven. La tapa mostraba un joven mujer melancólica, no una estrella elegante, y el lamento, "La Muerte de Selena."

Cuando todos los cuentos de caos se acabaron, los jornalistas extranjeros finalmente se fueron. Sin duda se les despidieron con el humor insólito de los tejanos. Después de todo, algunos de ellos habían ido a Killeen y a Waco a hacer reportajes de esos

masacres. Estos hechos "te mantienen el pasaporte tejano al corriente, hasta la próxima, esperemos que no sea pronto."

Mientras los jornalistas se fueron de Tejas, la legislatura estaba en las últimas etapas de pasar una nueva ley que permitiría a la gente de llevar armas escondidas.

Corpus Christi empezó a volver a la normalidad.

Exepto que habían siete menos residentes que lo eran cuatro días antes entre las aproximadamente 260,000 habitantes que viven en este pueblo pacífico en las orillas del Golfo de Méjico.

14

La primera conmemoración a la super-estrella cantante y héroe folklórica de veinte y tres años, Selena Quintanilla Pérez no fue de marmól ni de bronce. Fue una sencilla dedicación de la boda de un amigo en el día en que fue asesinado.

Habrá otras conmemoraciones vivas dedicadas a ella con el paso de los años. Está seguro de que miles de nenas hispanas serán nombradas Selena.

Y algún día puede que una de esas chicas se hará famosa, pues ya hay miles de niñas mejicanos-americanos y adolescentes ensayando las canciones de Selena con la ambición de ser como su amada modelo.

"La gente me pregunta '¿habrá otra Selena?' Y yo digo que no, habrá una sola Selena," dijo el músico

tejano, Roberto Pulido. "Pero espero que a lo mejor tendrémos a otra mujer joven—o incluso un chico joven—quien pueda continuar lo que ella estaba haciendo." Y lo que estaba haciendo, según Pulido, era intentar a hacerle a la gente identificarse con la música, a utilizar la musica "para unirse a la gente."

En las entrevistas con personas en la industria, la historia se repitía. Está claro que los sacrificios de Selena han dejado las puertas abiertas para los músicos tejanos que seguirán.

"Personalmente, yo creo que aun con su muerte, Selena seguirá a llevar la música a nuevos niveles," dijo Joe Trevino. "Yo te diría ahora mismo que no hay nadie que esté preparado a reemplazarle a Selena— estaba millas y millas en frente de otras artistas femininas," dijo. Pero en algún lugar por allí—tal vez exista una chica en la escuela segundaria, cantando en el coro de la escuela . . .

"Desgraciadamente, las noticias sobre Selena después de su muerte ha traído mucha atención a la industria y esa atención facilitará el crecimiento de la industria," anadio Trevino.

Carlos Guerra, que escribe una columna para el *San Antonio Express News,* dijo ". . . hasta unos de los grandes, supuestamente 'mainstream' estaciones de la radio en el estado [Tejas] violaron sus propias prohibiciones de cualquier música que sonó como tejano para poner unas de las canciones exitosas de Selena."

Guerra notó que el reportaje sobre la muerte de Selena había sido fenomenal según cualquier criterio.

"Era una señal—aunque triste—de los tiempos que van cambiando . . . artículos en la primera página de cada periódico importante en Tejas—y también en el *New York Times.*

"El reportaje en la televisión no fue limitado a las estaciones hispano-parlantes. Las estaciones ingles-

parlante dieron importancia a la historia, tal como lo hizo CNN."

Escribió de la "fuerza dominante" que Selena llevó a la música tejana a la vida normal de América. Pero es posible que el artículo de Guerra haya capturado el mensaje más importante que la gente hispana transmitía al resto de América.

"Si hay un aspecto especialmente lamentable de esta gran pérdida," escribió Guerra, "es la pérdida de un modelo éxitoso, saludable y positivo.

"Lo siento sobre todo para los niños, especialmente los niños hispanos, y especialmente las niñas," concluyó el artículo de Guerra. "Han perdido un modelo tan maravilloso y positivo. . . ."

Si la muerte de Selena es verdaderamente una pérdida o un principio de esperanza depende de cómo los políticos, los que hacen las leyes y la gente responden a las oportunidades para la armonía dejadas después de Selena.

La selección será hecho en las semanas y los meses que siguen el evento de 31 de marzo 1995. La pregunta es ésta: ¿Se lamentará la muerte de Selena durante mucho tiempo y será su memoria beatificada, o será adoptado su ejemplo como modelo?"

El legado de Selena sigue sin definición, pues el proceso de luto todavía no ha terminado.

Se vislumbraba lo que está por venir en la boda tejana que tuvo lugar en Eagle Pass—Piedras Negras la noche de su muerte.

Las bodas son unas de las ocasiones más felices y festivas que se celebra la gente tex-mejicana. Es un tiempo para mucha música y baile.

Solo unas horas antes de que se iban a casar, los novios estaban desconsolados después de haber oído que "¡han matado a Selena!" Se fueron de la sala de la boda donde se hacía las preparaciones finales y se retiraron a su habitación en un hotel cercano para ver

en un silencio asustado mientras los detalles de la matanza terrible eran emitidos desde Corpus Christi.

¿Cómo podrían seguir con la boda ahora? Aunque muchos de los tres mil invitados de todas partes de los Estados Unidos y de Méjico norteño ya habían llegado para la ocasión, la pareja sufrieron horriblemente sobre la decisión de cancerla o no.

Ellos, y muchos de los invitados que estaban llegando, eran de la industria de la música tejana, y de la tradición que demanda que, pase lo que pase, el "show must go on."

Mientras sufrieron con sus emociones contradictorias, les parecía claro que a Selena le hubiera gustado que la celebración de la vida proceda. Tenía un entusiasmo para la vida y la compartía con todos que lo aceptaría.

Johnny Canales, quien había sido una parte tan grande de la subida hacía el estrellato de Selina era el novio. Al paso de los años difíciles y de escasez, había sido testigo personal de la determinación de perseverar de Selena, no obstante las fuerzas superiores en contra de ella.

"Selena, más que nadie, hubiera querido que la vida siga," dijo Canales. "Estabamos tan tristes, pero decidimos seguir adelante con la boda."

La ceremonia empezó con un momento de silencio. No había ni un murmullo, ni un grito de un sala nene en la sala de más de tres mil personas. La boda se dedicaba a Selena.

Tal vez sea apropiado el hecho de que de los miles de vigilias, marchas, misas y otros eventos que tendrían lugar en los días después de la muerte de Selena, la primera de las conmemoraciones fue esta celebración de la vida y del amor.

La muerte de Selena ya ha tenido un impacto en la escena de la música americana en general.

Un culto musical se está formando alrededor de la

chica que tenía veinte y tres años, y su historia es destinada a convertirse en una de las leyendas trágicas sobre los músicos y artistas americanos que han muerto al borde de la fama. Jim Croce, Buddy Holly, Sam Cooke y Stevie Ray Vaughn han sido citado frecuentemente después de su muerte.

Sin duda, entrará en el panteón de los mártires de los que aman la música. Sus discos y vidéos ya son deseados por los coleccionistas, agontándose por todo el país dentro de una hora del boletín anunciando su muerte. "Entertainment Tonight" abrió la campaña de deificación el lunes después de su muerte el viernes con el toque de la trompeta: "Selena . . . , preparada a conquistar America y matado a sangre fría . . . la vida que Selena nunca vivirá," y luego procedió a mostrarla bailando y cantando en sus vaqueros apretados más sexy y su blusa sin espaldo.

El terreno en que el impacto más inmediato estará experimentado es en el campo de la música tejana, que era una parte tan grande de la vida de Selena, y donde ella era una parte tan esencial de su éxito.

Arista/Texas, una etiqueta nueva especializada en este sonido que está creciendo tan rapidamente, está criando una entera constelación de nuevas estrellas tejanas.

El impacto de la muerte de Selena, visto pragmáticamente, ofreció una imagen mixta, y los líderes de esta industria se sentían ambivalente sobre lo que la tragedia significaría para la música tejana.

A un lado, el genero musical había perdido su voz más pasmosa, y no se veía ni se oía a nadie para llenar el enorme vacío dejado por su pérdida. Al otro lado, la muerte de Selena, creó una tormenta de atención tan furiosa que millones de personas que antes no habían oído del tejano ahora ya están lo suficiente-mente curiosos para escuchar la música.

"A lo mejor podemos sacar algo positivo de esta

tristeza," dijo Johnny Canales. "Las estrellas de por venir, las chicas que cantan no tendrán tantos problemas cruzando fuera del género o consiguiendo que se ponga sus discos porque Selena ya lo ha hecho. Era ella la que sufrió para derrumbar las barreras.

Al mismo tiempo que la legislatura de Tejas estaba pasando una resolución para honrar lo que Selena contribuyó a la comunidad, se enfrentaba con un problema mas práctico de la realidad como resultado de su muerte por una bala. Cuando se murió Selena, un proyecto de ley haciéndolo legal que los tejanos lleven armas encubridas parecía que se iba a pasar fácilmente.

La rabia, especialmente en la comunidad hispana, sobre una muerte más sin sentido y por una pistola, puso una barrera formidable, por lo menos en cuanto a las relaciones públicas, en el camino de los que están a favor de las pistolas y que apoyaban el proyecto. En un estado que ya tiene una historia de unos de los más horribles matanzas a tiros desde los tiempos del "Wild West," el asesinato de Selena y la matanza en Corpus Christi unos días más tarde dieron nuevos argumentos a los que estaban en contra.

Y salieron disparando con el apoyo instantáneo de la familia Quintanilla.

Los legisladores del Corpus Christi pidieron que se añada restricciones más rígidas al proyecto de pistolas encubridos de Tejas casi antes de que Selena y los otros víctimas fueron enterrados.

Después del asesinato, el padre de Selena, Abraham Quintanilla Sr., pidió que sus admiradores levanten voces de oposición al proyecto.

Las estaciones de radio hispano-parlantes empezaron a bombardearles a sus escuchadores con la suplica de la familia Quintanilla dos semanas después de su muerte, y el mensaje se transmitía cada hora por la mayoría de las estaciones.

El proyecto de las pistolas había sido aprobada por el senado del estado antes de las matanzas y se la estaba considerando en el congreso, donde se esperaba que sería aprobada. El proyecto fue patrocinado por el Senador Jerry Patterson (R–Houston) y el Representativo Ron Wilson (D–Houston). El gobernador George W. Bush había dicho que firmaría el proyecto si incluía unos requisitos de entrenamiento y licencias adecuados.

Bajo la legislación, aspirantes elegibles tendrían que ser residentes legales de Tejas, tener por lo menos veinte y un años, no haber sido nunca declarado culpable de un delito grave, no haber sido delincuente en los pagos del apoyo de los niños, y no estar adicto-quimicamente ni de mente insana. También tendrían que entrenarse, pasar un examén y pagar 140 dólares para un permiso de cuatro años.

Se podría sustener que ambos asesinadores alegados en los asesinatos de Corpus Christi hubieron calificado para llevar una pistola encubrida bajo estas reglas.

Un miembro del congreso local quería aumentar el número de horas de entrenamiento desde diez hasta cuarenta antes de que se concidiera la licencia.

Los que estaban a favor dicen que el proyecto permitiría que los ciudadanos respetuosos de las leyes podrían protegerse. Los oponentes dicen que haría las calles más peligrosas para todos.

El padre de Selena dijo a los reporteros, "aunque es difícil de encontrar algo positivo en esta tragedia, urgimos que la comunidad [se opona] al proyecto que se está considerando el congreso y el senado de Tejas."

Sin tener en cuenta el resultado del proyecto de la pistola en Tejas, el legado de Selena será mas fuerte en las comunidades de sus orígenes—entre la gente hispana. Más que acordarse del día en que fue disparado o el día en que se nació, Selena probable-

mente querría que la gente continúe con el verdadero trabajo de su vida—llevando armonía a las culturas y quitando las divisiones entre los grupos étnicos, las raíces y las clases.

Hay una población bastante grande de americanos con apellidos españoles, y este grupo étnico es el que está creciendo más rapidamente in Tejas.

Había muchas divisiones entre su propia gente hasta que llegó Selena, usando su música como una fuerza que se unía a los doce millones de mejicanos-americanos. Se llamaban a los mejicanos-americanos muchas cosas: tejano, latino, hispano, chicano, mesicano. Gracias a Selena, un lazo se estaba formando entre los mejicanos-americanos. Su música les convertía en nada más que gente que gustaban escuchar la música tejana. No importa cómo se les llamaran, Selena ayudo a los hispanos saber quiénes eran.

Su música estaba alcanzando y uniendo a muchos de los aproximádamente veinte y cuatro millones de personas de ascendencia española en los Estados Unidos, que incluye a los mejicanos-americanos. Dentro de los próximos quince años, los hispanos serán la minoría más grande del país.

Selena habló frecuentemente de usar su música para ayudar a crear armonía entre las raíces. Estaba en el proceso de acabar con su album "crossover" en inglés, el album que prometía llevar los sonidos y los espíritus tejanos a la audiencia mucho más grande que hablaba inglés.

Entonces, su trabajo para llevar la paz a la gente estaba empezando a dar fruta.

Algunos líderes hispanos, viejos y nuevos, han expresado el mismo interés en extender la mano de los hispanos a todas las culturas americanas. Van a echar de menos la fuerte influencia que Selena hubiera podido traer a aquel proceso. Ella

consideraba el inglés como su idioma nativo y primero, aunque todo su trabajo anterior había sido en español. Su corazón no era ni inglés ni mejicano, sino era aquella mezcla única tex-mex que se llama tejano.

Han habido otros hispanos de Tejas como el Congressman Henry Gonzalez, los Cabinet Secretaries Federico Peña y Henry Cisneros, y muchos legisladores del estado y ejecutivos de empresas, con ambiciones similares de construir sobre una base de las fuerzas de todas las culturas en lugar de crear divisiones para razones políticas y financieras.

Afortunadamente, hay otros que están preparados a luchar, como el Congressman Frank Tejeda de San Antonio recién elegido.

Y hay pragmatistas entre los anglos en Tejas también. La gobernadora anterior Ann Richards sigue siendo una influencia poderosa en el desarrollo de la policia pública y ha sido un líder en construir Tejas y el país por la unificación de las culturas de todas las raíces.

Estos líderes han reconocido el papel esencial que los mejicanos-americanos han desempeñado en la economía próspera de Tejas y en la cultura integrada. Pese a su dura historia de la explotación muchas veces cruel, Tejas está emergiendo como un estado que da la pauta en cuanto al multiculturalismo armonioso. Reconocen que los tejanos contribuyen algo en cada aspecto del empeño. La imagen estereotípica de la contribución de la cultura tex-mex como la comida mejicana, los tejados españoles y la ropa llena de colores ya ha cambiado desde hace mucho.

La vida ejemplar de Selena y el desafío que aceptó como modelo, deja oportunidades para los mejicanos-americanos, los anglo-americanos y otros grupos de razas para cruzar las barreras.

Si una cantante de veinte y tres años de Corpus

Christi, Tejas, puede hacer una diferencia tan importante, seguro que otros con muchos más recursos políticos y financieros también pueden.

Selena ha dejado un legado. Ya está en las manos de otros.

En cuanto a ellos que lamentarán su pérdida, y sobre todo los tejanos, un anglo cercano a la música y la gente hispana cree que tomarán fuerza de la tragedia de la muerte de Selena.

Además de sus años como comprador de música especializando en la música country-western y latina, Steve Sagik también se licenció en la cultura hispana en la Universidad de Tejas en Austin.

"La increíble fuerza de la gente tejana está en sus familias y en su religión," dijo Sagik. "Recuperarán de esto. Su respuesta a la crisis es la oración. Todos los americanos pueden aprender mucho de los tejanos."

El tejano es una música de asimilación y lo que quería Selena en particular era usar esa música para unirse a la gente. Su amigo y colega, Roberto Pulido, resumió todo cuando preguntó: "¿por qué no puede existir la paz?"

Pulido y otros que la amaban no dejaran que la esperanza muera con Selena.

"Todo lo que pasa tiene su razón," dijo. "La muerte de Selena realmente ha unido nuestras comunidades."

Por los años, aunque Roberto y Selena habían actuado en muchos de los mismos eventos, nunca habían cantado juntos. "Lo teníamos planeado," dijo Pulido. "Ya tuvimos una canción preparada."

Después de una pausa de reflexión, dijo, "a lo mejor podemos cantar juntos en el cielo.

Elogio a Selena*

de Victor Landa

"Es un pecado matar a un sinsonte," nos advirtió el novelista Harper Lee a través de su personaje Atticus Finch, "porque la única cosa que nos ofrecen los sinsontes es una canción."

Hasta los que no tienen oído musical no pueden discutir su punto. La música es universal, no es egoísta y sus valores se encuentran en el reino intangibles del espíritu. La música, hasta la canción de un pájaro, pertenecen a nadie y a todos al mismo tiempo.

Tal vez eso es porque el silenciamiento de cualquier pájaro cantante puede atristarnos tan profundamente. Y cuando el silenciamiento es violento, el sentido de pérdida es espantoso. Si no eres un admirador de la música tejana, puedes tal vez estar un poco perplejo por el dolor que siguió el asesinato de la cantante Selena Quintanilla Pérez. Las circunstancias no son notables. Selena fue asesinada por una de sus

*Tirada aparte con el permiso del San Antonio Express News y del autor, Victor Landa, que es el director de noticias de KVDA TV en San Antonio, Tejas.

amigas más cercanas, de sus defensores más devotos sobre una pelea de empleo y acusaciones de fraude.

La canción fue de repente silenciada y con ella vino un sentido profundo de pérdida.

Su popularidad en la comunidad hispana era tal que ella se contaba como los que se identifican solamente por su primer nombre. Ella era sencillamente Selena para todos y eso es más que suficiente.

El sentido de pérdida es muy auténtico, los imagenes de los numerosos noticiarios son testimonios al hecho. La incredulidad es inquietante. Lo que se dice más seguido es, *"¿Quién esperaba que eso fuera a suceder?"* La tristeza es profunda. Varias niñas jóvenes hispanas vieron en ella un mundo de oportunidades, entonces lamentan la esperanza.

Si algo pudiese poner la pérdida en perspectiva, sería la esperanza que Selena parecía personificar para muchos en el mundo hispano. Su popularidad llegó no solamente a causa de su prodigiosa voz, pero aun porque parecía ser igual que nosotros.

Su hogar era como el nuestro. Vivía al lado de sus padres en Corpus Christi y estaban planeando la casa de sus sueños, algo que a muchos de nosotros nos gustaría lograr también. Su risa y su entusiasmo eran infectuosos, igual que la risa el entusiasmo de tanta gente que conocemos todos en nuestras vidas. Y de un inicio muy humilde, había alcanzado un estrellato internacional, cantando nuestra música, y siendo orgullosa de esto.

Representaba los que ahora lloran por ella, era el rostro de una cultura que recién ahora está alcanzando el conocimiento muy atrasado. Estabamos orgullosos de ella porque estabamos orgullosos de nosotros mismos.

Entonces nuestra pérdida, nuestra incredulidad y nuestra tristeza nos dejan con la certeza de que el insensatez y la violencia han ido demasiado lejos.

¡SELENA!

El número diario de las victimas de la violencia nos da miedo y nos da pena. Los acompañamos en el sentimiento a las familias involucradas, lamentamos la muerte de una tal promesa y nos preguntamos cuántas familias pueden dar abasto. Estos crimenes nos afectan como pruebas de algo que hemos captado hasta ahora, pero que sabemos que está pudriendo la estructura de nuestra sociedad.

Pero la muerte de Selena parece ser diferente. Su vida no tenía mas valor que la de miles (hasta millones) de víctimas que la precedieron. La diferencia es que ella afectó a un número más grande de nosotros. Nuestra comunidad había invertido en ella. Aceptamos lo que nos dió, y le dimos nuestra admiración en cambio.

Y entonces no sabémos que hacer.

Si matar a un sinsonte es un pecado porque el pájaro solo nos ofrece una canción, entonces ¿qué podemos esperar del asesinato de la esperanza?

OFFICIAL MEMORANDUM
STATE OF TEXAS
OFFICE OF THE GOVERNOR

Selena Quintanilla Pérez se nació el 16 de abril, 1971, en Lake Jackson, Tejas.

A los nueve años, se puso a trabajar como la cantante principal de Selina y Los Dinos para ayudar la familia. Era el principio de una carrera extraordinaria.

Los talentos de Selena fueron reconocidos con numerosos premios, incluyendo Female Vocalist of the Year y Performer of the Year en los Tejano Music Awards en 1987; un premio Grammy en 1993 para el mejor acto mejicano-americano por su album "Selena Live"; Cantante femenina, Canción y album del año en el año 1993 de Premio Lo Nuestro, el equivalente latino del Grammy; y, in 1995, seis Tejano Music Awards y otra nominación para un Grammy por su canción "Amor Prohibido."

Era popular en Tejas tanto como en Méjico, y tenía una lista larga y impresionante de logros al tener veinte y tres años.

Esta cantante joven, ambiciosa y determinada era un modelo que inspiró a millones de personas y

derrumbó las barreras étnicas, culturales, de edad y del idioma.

Representó la esencia de la cultura de Tejas del sur y se la conocía como la chica de Corpus Christi que logró un estrellato internacional pero que no se olvidó nunca de donde venía.

Su fama sin precedentes no la afectó en cuanto a sus creencias fuertes en la educación y los valores de la familia. Daba clases en las escuelas acerca del valor de la educación, participó en el programa D.A.R.E., y estaba muy involucrada en el Coastal Bend AIDS Foundation.

Selena se murió el 31 de marzo, 1995, una semana antes de que su primera película se estrenó por todo el país.

La pérdida de ésta cantante joven y con mucho talento será lamentado por millones que la vieron no solo como una cantante sino también como amiga. Su música y sus contribuciones especiales a Tejas, de los Estados Unidos, Méjico y el mundo seguirán inspirando a gente de todas edades y culturas.

Por lo tanto, Yo, George W. Bush, Gobernador de Tejas, por la presente, declaro el 16 de abril, 1995, come:

EL DÍA DE SELENA

en Tejas, y exhorto el reconocomiento de ello.

Reconociendo oficialmente de la presente, firmo mi nombre este día, el 12 de abril, 1995

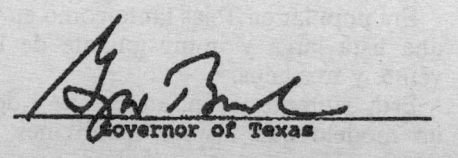

Governor of Texas

Además del memorandum del Gobernador, la 74th Legislatura del Estado de Tejas intentó "honrar la vida, la carrera, y las convicciones personales de esta estrella internacional que ha triunfado por su propio esfuerzo y reconocer el impacto que esta joven tejana tuvo alrededor del mundo" con un tributo oficial. La Resolución Concurrente del Senado Número 116 fue adoptada por el Senado el 3 de abril 1995 y por la Casa de Representantes el 11 de abril 1995, una semana antes del día en el cual Selena hubiera cumplido veinte y cuatro años.

SUNG PARK

Selena waves goodbye: Adored worldwide by a growing number of fans, Selena had sold more than 1.5 million records in the U.S. and Mexico before her murder.

Selena se despide: *Idolatrada mundialmente por un número cresciente de admiradores, Selena había vendido ya más de 1.5 millones de discos en los Estados Unidos y Méjico antes de su muerte.*

SUNG PARK

Selena's motion picture debut: The queen of Tejano music appears in a cameo role as a calypso singer opposite Marlon Brando and Johnny Depp in *Don Juan DeMarco.*

El debut cinematográfico de Selena: *La reina de la música tejana, en un papel pequeño, interpreta a una cantante de calypso al lado de Marlon Brando y Johnny Depp en Don Juan DeMarco.*

Room 158: Fans leave flowers and devotional graffiti on the door of room 158 at the Days Inn where Selena was shot in the back as she left Saldívar's motel room.

Habitación 158: Admiradores dejan flores y mensajes de devoción sobre la puerta de la habitación 158 en el Days Inn en donde le dispararon a Selena en la espalda cuando se iba del cuarto de motel de Saldívar.

A husband mourns: With a single white rose clenched in his hand, Chris Perez wipes his eye at Selena's funeral service on April 3, 1995. Selena's mother, Marcella Quintanilla, is seated at right.

El luto del marido: *Sosteniendo únicamente una rosa blanca con su mano, Chris Pérez se seca las lágrimas durante el velorio de Selena el 3 de abril 1995. Marcella Quintanilla, la madre de Selena, está sentada a la derecha.*

A star's memorial—April 2, 1995: After rumors swept through the Bayfront Plaza Convention Center in Corpus Christi, Texas, that Selena's coffin was empty, her father ordered the casket be opened to reveal Selena's body.

La conmemoración de una estrella—2 de abril 1995: *Después de haber escuchado los rumores que circulaban en el Centro de Convenciones Bayfront Plaza en Corpus Christi, Tejas, de que el ataúd de Selena se encontraba vacío, su padre ordenó que el ataúd fuese abierto para revelar el cuerpo de Selena.*

The accused killer: Selena was warned by a close friend to "be careful" with Yolanda. Described as a "loner," Saldívar reportedly had an "evil obsession" with Selena.

El asesino acusado: *Un amigo cercano previno a Selena de "cuidarse" de Yolanda. Según se decía, Saldívar, quien era descrita como "solitaria," tenía una obsesión maligna con Selena.*

Standoff with police: After allegedly shooting Selena on March 31, 1995, at the Corpus Christi Days Inn, Saldívar held a SWAT team at bay for 9½ hours as she sat in her pickup truck with a gun to her head.

Situación estancada con la policía: *Después de haberle supuestamente disparado a Selena el 31 de marzo 1995 en el Days Inn de Corpus Christi, Saldívar mantuvo a distancia al equipo de rescate durante 9 horas y media mientras apuntaba un revolver a su cabeza.*

The Selena boutique: Yolanda Saldívar, former manager of Selena Etc. Inc., had been accused by the Quintanilla family of embezzling funds from Selena's boutiques, one in Corpus Christi (left), the other in San Antonio. *Right:* Selena and Saldívar at the opening of the newest Selena Etc. boutique.

La boutique Selena: *La familia Quintanilla había acusado a Yolanda Saldívar, la previa gerente de Selena Etc. Inc., de haber malversado fondos de las dos boutiques de ropa de Selena, una en Corpus Christi (izquierda), la otra en San Antonio. Derecha: Selena y Saldívar en la inauguración de la boutique Selena Etc. más reciente.*

SUNG PARK

JAY JANNER

Selena and her guy: *Left:* Selena and her husband, band member Chris Perez, take a break during the Texas Live Music Festival in San Antonio on April 24, 1994. *Right:* The young couple perform during the recording of the *Selena Live* album, February 7, 1993.

Selena y su "dino": Izquierda: *Selena y su marido Chris Pérez, que formaba parte del conjunto, descansan durante el Texas Live Music Festival en San Antonio el 24 de abril 1994. Derecha: La joven pareja canta durante la grabación del álbum* Selena Live *el 7 de febrero 1993.*

The Tex-Mex Madonna: Although she wore sexy bustiers, Selena was the "girl next door."

La Madonna Tex-Mex: *Aunque se vestía con corpiños sexy, Selena era una chica común y corriente.*